天符經

天符三印

一始無始一　析三極無盡本　天一一　地一二　人一三　一積十鉅無匱化三　天二三　地二三　人二三　大三合六生七八九運　三四成環五七一妙衍　萬往萬來　用變不動本　本心本太陽昂明　人中天地一　一終無終一

大道法文　天印

辛卯仲秋谷即无識書

천인법륜음양운세법

천인법륜음양운세법

초판 1쇄 인쇄일 _ 2011년 10월 27일
초판 1쇄 발행일 _ 2011년 11월 3일

지은이 _ 혜공
펴낸이 _ 최길주

펴낸곳 _ 도서출판 BG북갤러리
등록일자 _ 2003년 11월 5일(제318-2003-00130호)
주소 _ 서울시 영등포구 여의도동 14-5 아크로폴리스 406호
전화 _ 02)761-7005(代) | 팩스 _ 02)761-7995
홈페이지 _ http://www.bookgallery.co.kr
E-mail _ cgjpower@yahoo.co.kr

ⓒ 혜공, 2011

값 12,000원

ISBN 978-89-6495-026-5 03810

* 저자와 협의에 의해 인지는 생략합니다.
* 잘못된 책은 바꾸어 드립니다.

이 도서의 국립중앙도서관 출판시도서목록(CIP)은 e-CIP홈페이지
(http://www.nl.go.kr/ecip)와 국가자료공동목록시스템(http://www.nl.go.kr/kolisnet)
에서 이용하실 수 있습니다.(CIP제어번호 : CIP2011004457)

천인법륜 음양운세법
(天印法輪陰陽運勢法)

혜공 지음

북갤러리

서문

천인법륜음양운세법(天印法輪陰陽運勢法)의 생성

　천지의 하늘이 대양과 대륙에 항상 밝음을 주고 있어, 대지에 몸담고 살아가는 사람들이 온갖 변화를 이루며 세상은 나아가고 있다.
　천지는 不動(부동)이나 그 氣(기)는 조금도 쉬지 않고 움직이며 무극의 체는 항상 무궁의 變(변)과 化(화)를 엮어내며 자연스레 일하고 있다.
　북극과 남극이 양과 음의 시발처로 음양은 오행을 엮어 만들어 내며 세상만물은 음양과 오행 속에서 나고 진다.
　天符經(천부경)에 일시무시일 일종무종일이라 하였으니 하나(一)가 세상을 이루고 하나(一)가 세상의 本(본)이며 무궁의 조화와 변화에도 본은 변치 않으니 始(시)함도 終(종)함도 없다고 하였다.
　세상의 본은 천지인(三才)이며, 본래의 자연이며, 하나(一)이다.
　천지의 운기는 음양과 오행의 기운이며 三才(삼재)의 변화이다.
　해의 움직임을 기록하여 양력이라 하고 달의 움직임을 기록한 것을 음력이라 한다. 曆(역)이란 해와 달의 움직임을 말하고 이런 해와 달의 움직임을 파악하여 책이나 기록으로 남긴 것을 冊曆(책력)이라 한다. 양력이든 음력이든 달력을 사용하는 것은 인간 생활을 계절과 달로 엮어놓은 것이며, 그 계절과 달들의 움직임 속에서 생활하는 것이라 하겠다.
　달력은 7일을 한 주로 묶었는데 日(일)과 月(월)은 양과 음이 되고 화, 수, 목, 금, 토는 오행을 이룬다. 화성, 수성, 목성, 금성, 토성의 행성들의 움직임과 연관이 되어 일주일을 이루며 하루하루는 오행의 움직임이며 오행은 자신의 수를 만들어 감을 알 수가 있다.

하늘과 땅이 어우러져 태세의 수를 만들어 내며 사람들은 삶 속에서 항상 최상의 수를 찾을 것이니 뭐 좋은 수가 없을까? 하고, 수를 찾는 것이 바로 그 예이리라. 목이 마르다면 어떻게 해야 물을 구하여 마실 수가 있을까? 하고, 배가 고프다면 어떻게 해야 밥을 먹을 수가 있을까? 하며, 궁리를 하는 것이 바로 수이며, 암수가 때에 서로 다른 짓거리를 하는 것도 천간과 지지의 수와 함께하며, 오행도 각각의 수를 근간으로 일을 하고 있음을 알아야겠다. 따라서 이 모든 수가 어떻게 들고 나는지를 알고 세상의 근간을 이루는 암수의 짓거리를 중심으로 때의 움직임으로 운세를 읽을 수가 있으니 '天印法輪陰陽運勢法(천인법륜음양운세법)' 또는 '암수운세법'이라 한다.

1. 세상만물의 본은 하나(一)이며 천지인(三才)이다.
2. 자연의 사시(계절)가 변화의 根(근)이다.
3. 만물의 조화는 때에 음양(암수)과 오행이며 항시 들고난다.
4. 財(재)는 하늘에서나 땅에서나 본이며 중앙이다.
5. 들고남에는 나이가 있고 계절과 함께한다.
6. 만물의 표상은 자연의 변화이며, 道德(도덕)이며, 本(본)이다.

천지는 부동이나 그 기운은 무궁하기에 하늘과 땅의 운기가 운행하며 이어 이어 세상을 만들어 나가는 것이며 또한 암수(음양)가 움직이는 것이 아닌가. 허니 암놈은 암놈의 짓거리에서 수를 찾을 것이고 수놈은 수놈의 짓거리에서 수를 찾으려 할 것이다.

태어나면서 짊어지고 나온 해, 달, 날의 기운을 천지에 근간인 천간과 지지를 자연의 계설인 봄, 여름, 가을을 대입하여 때의 계절과 암수를 구별하고 암수의 나이가 때의 짓거리를 만들며 운세를 엮어가는 것을 알아내어 운세를 판단하는 방법을 창안하였으니 天印法輪陰陽運勢法(천인법륜음양운세법) 또는 암수운세법을 때가 도래되었기에 세상에 내놓는다.

운세의 가름이 師導(사도)의 행위임을 알아 누구라도 小我(소아)에 치우침 없이 자연(대도)의 근원을 파헤치는 자세로 공부에 임하기를 바란다.

차례

서문 … 6

제1장 대우주와 천체의 운행

1. 지구와 천체 … 15
    (1) 삼라만상이 음양이다 … 15
    (2) 다섯 행성과 오행 … 15
    (3) 오행의 배속 … 17
    (4) 오행이란? … 17
    (5) 메소포타미아인들과 양력 … 21
    (6) 고대 황하문명과 음력 … 22
    (7) 윤년과 윤달 … 22
    (8) 운세학의 발전 … 22

2. 天干(천간)과 地支(지지) … 24
    (1) 天干(천간)과 12地神(지신)의 생성 … 24
    (2) 오행의 기원에 대하여 … 26
    (3) 오행 治水(치수)법 … 26
    (4) 태호복희의 팔괘 … 27
    (5) 오행의 五事(오사) … 28
    (6) 오행의 상생과 상극 … 28

3. 음양과 천간지지 … 30
    (1) 천간(하늘에 드리워진 문자) … 30

(2) 천간의 의미 … 31
　　(3) 천간의 字(자)의 해설 … 31
　　(4) 천간의 동물 … 32

4. 음양과 12지신 … 34
　　(1) 땅의 붙박이동물들 … 34
　　(2) 오행의 속성 활용도 … 36
　　(3) 지지의 물체 … 37
　　(4) 지지의 발병과 인체 … 37
　　(5) 지지의 인물 … 38
　　(6) 오행특질 및 동물의 분류 … 38

5. 본은 千(천), 地(지), 人(인)이다 … 39
　　(1) 三才(삼재)와 삼재의 수 … 39
　　(2) 삼재 생성순서의 수 … 40
　　(3) 삼재의 구성 … 40

6. 合(합)과 충 … 41
　　(1) 하늘의 합 … 41
　　(2) 암수의 결정 … 42
　　(3) 암수조견표 … 43
　　(4) 천간과 지지의 衝(충) … 43
　　(5) 계절의 財産(재산) … 44
　　(6) 토는 본이며 재산이다 … 45
　　(7) 천간의 나이 … 46
　　(8) 60갑자와 納音(납음)오행 … 47
　　(9) 空亡(공망) … 49

7. 때와 계절 … 50
    (1) 생의 계절과 때 … 50
    (2) 계절의 운기 … 51
    (3) 계절과 운세 … 52
    (4) 계절의 특성 … 52
    (5) 三才(삼재)와 운세의 조절 … 53

제2장 암수운세법의 활용

1. 작성법 … 57
    (1) 계절과 기둥 세우기 … 57
    (2) 절기와 기둥 세우기 … 59
    (3) 년주, 월주 세우기 … 61
    (4) 我身(아신) … 61

2. 응용과 활용 … 65
    (1) 암수의 결정 … 65
    (2) 계절의 적용과 응용 … 66
    (3) 오행의 결정과 이용 … 67
    (4) 我身(아신)의 움직임 … 70
    (5) 천간동물의 이용 … 71
    (6) 계절의 이동 … 72
    (7) 천간의 행위 … 74
    (8) 천간 나이의 작용 … 74
    (9) 천간의 상호작용 … 76

(10) 나이와 오행의 상생 … 79
(11) 계절과 나이의 오르내림 … 81
(12) 합의 작용 … 83

제3장 천인법륜음양운세법(天印法輪陰陽運勢法)과 성명과의 고찰(考察)

1. 天印法輪 陰陽姓名法(천인법륜 음양성명법) … 91
   (1) 서론 … 91
   (2) 글(文字)의 생성과 발전 … 92
   (3) 글은 字源(자원)이 있고 나이가 있다 … 93
   (4) 성명과 三才(삼재) … 94
   (5) 발음과 수리와 오행 … 95
   (6) 성명과 계절 … 96
   (7) 중앙의 土(토)는 재산이다 … 98
   (8) 성명과 건강 … 99
   (9) 성명에 사용하면 불리한 자 … 100
   (10) 三才(삼재)와 계절의 영향력 … 102
   (11) 계절의 암수 … 104
   (12) 천수의 나이 … 104

2. 잘 살려는 이들에게 … 106
   (1) 평안을 얻고자 하는 이들에게 … 106
   (2) 잘 지내며 살려거든(수행의 장) … 107

제1장
대우주와 천체의 운행

1 지구와 천체

(1) 삼라만상이 음양이다

세상만물은 무극의 空(본체)에서 태극과 양의가 자리하며 음양과 오행 속에 세상만물이 형성되어 존재하는 것이다. 우주천체와 음양오행은 태양을 양으로 하고 달을 음으로 하여 음양이 형성된다.

지구와 형제 별들인 목성, 화성, 토성, 금성, 수성이 천체에서 지구와 함께 공존하며 오행을 만들고 그 외에 천왕성, 해왕성, 명왕성, 은하, 북두성이 오행을 보조하고 있다.

태양의 따사로움이나 역동적이며 진취적인 움직임의 기운을 陽(양)이라 하고 달의 은은함이나 다소곳이 순종하며 받아들이는 기운을 陰(음)이라 하였다

삼라만상의 모든 것이 음양과 함께 존재하고 있다.

시작과 끝, 밝음과 어두움, 남자와 여자, 밤과 낮, 위와 아래, 가난함과 부귀함, 귀한 것과 천한 것, 앞과 뒤, 즐거움과 슬픔 등 형태를 지닌 것이나 없는 것은 물론이고 기의 움직임까지도 모두 음과 양으로 존재하고 있다.

(2) 다섯 행성과 오행

오행의 근간은 태양과 달, 수성, 금성, 목성, 토성, 화성 등 다섯 형제 별들의 위치와 역학 관계에서 형성이 된다. 대장인 태양은 여섯별과 천왕성, 해왕성, 명왕성, 위성과 은하를 이끈다. 태양을 양으로 놓고 화성, 수성, 목성, 금성, 토성의 다섯 별을 오행에 놓고 지구의 위성인 달을 음에 놓아 음양과 오행이 이루어졌다.

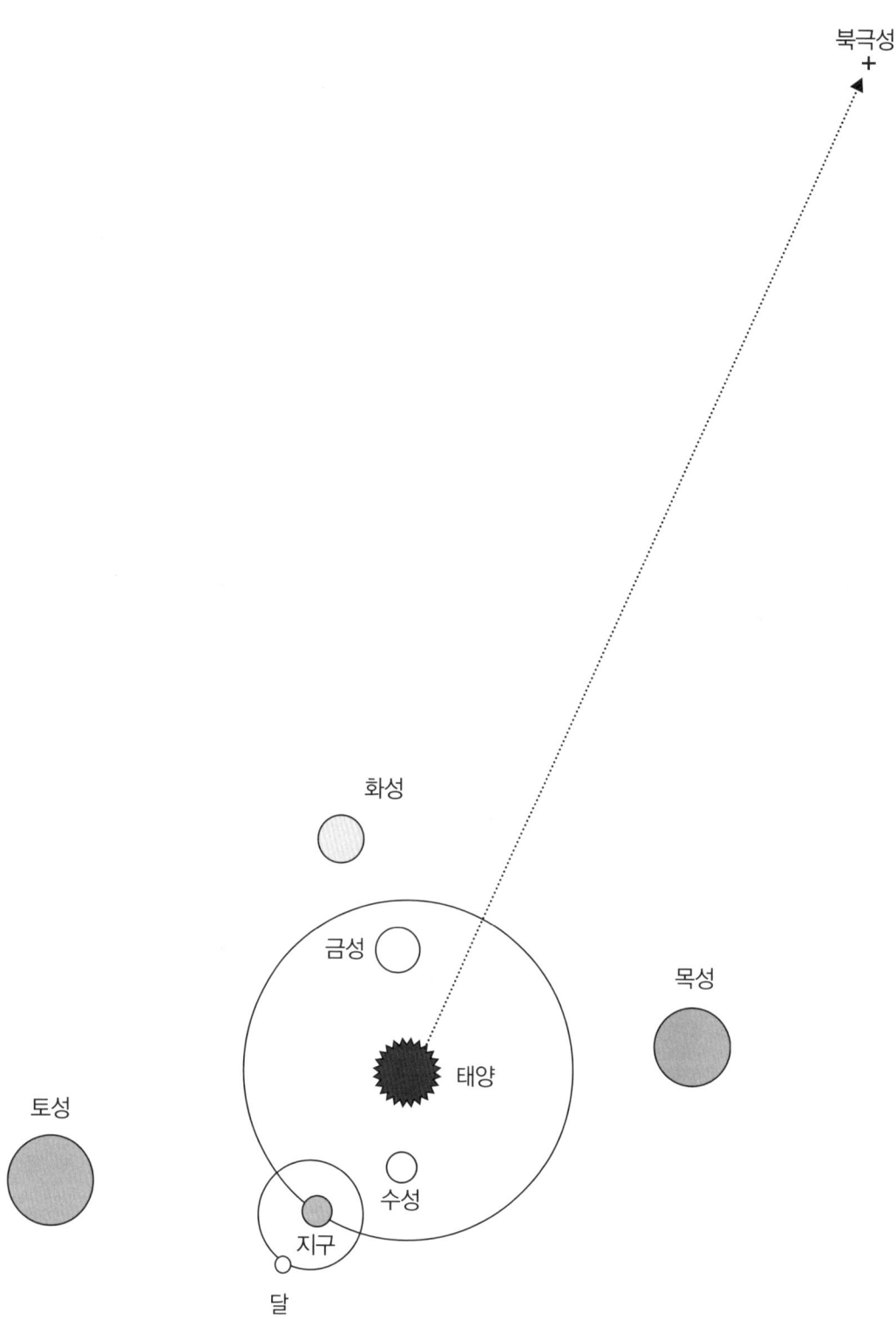

자연의 모든 움직임이나 변화가 오행에 담겨 있으며 오행이란 수, 화, 목, 금, 토를 말한다. 日(일)과 月(월)이 양과 음이며 다섯의 오행은 형제처럼 항상 같이 행하며 천간과 지지 음양은 合(합)을 이루기도 하고, 克(극)하기도 하고, 畏(외)하면서 천지만물의 변화를 만들어내고 온갖 조화를 부린다.

(3) 오행의 배속

천간은 하늘의 모양을 본떠서 둥글게 배속을 하였고 동서남북의 사방과 중앙방위와 상하를 주었다. 그리고 하늘에서 지상의 모든 만물을 자라고 익히는 일을 주관하기에 식물을 키우는 목에서 화기를 지닌 화와 중앙에서 관리하는 토와 익히는 금과 관리하는 수를 배속하였다. 지지는 땅의 모양을 사각으로 추리하였기에 사방과 각 방위의 사이에 간방을 주었고, 중앙에는 토를 주었다. 땅의 고유 권한은 계절을 익혀서 계절마다 수확하는 것이며 때문에 각 계절의 끝에는 토를 배속하였다. 천간과 지지는 60갑자의 모체가 되며 오행에 배속되어 있다.

천간은 甲(갑), 乙(을), 丙(병), 丁(정), 戊(무), 己(기), 庚(경), 辛(신), 壬(임). 癸(계)이며 지지는 子(자), 丑(축), 寅(인), 卯(묘), 辰(진), 巳(사), 午(오), 未(미), 申(신), 酉(유), 戌(술), 亥(해)이다.

(4) 오행이란?

水(수)는 생명의 원천
자연을 이루고 있는 물, 불, 나무, 흙, 쇠의 다섯 가지를 말하며 항상 움직이고 변화하며 세상을 변하게 하는 근본이다. 항상 형제처럼 나란히 움직인다고 해서 五行(오행)이라 하였다.

물이란 무엇인가? 매미가 먹고 산다는 아침의 이슬이나, 왕이 흘리는 눈물이나, 더울 때나 일을 할 때에 흘리는 땀이나, 계곡에서 퐁퐁 솟구치는 샘물이 물이며 하늘에서 내리는 빗물도, 냇가에 흐르는 시냇물, 강물, 바닷물, 골짜기에 흐르는 물, 지붕에서 떨어지는 낙숫물, 감정이 動(동)하여 흘리는 눈물, 가정의 안녕을 빌거나 자식 잘되길 바라며 떠놓고 기도하는 정안수도 물이다. 그러니 부르는 이름만 다르고 있는 곳만 다를 뿐 우리 주변에 물이 없는 곳이 없고 물이 안가는 곳이 없으며 지구 껍데기의 사분의 삼이 물로 차 있으니 모든 생명의 원천은 물인 것이다. 오행으로는 천간의 壬, 癸(임계)와 지지의 亥, 子(해자)가 물에 속한다.

물체의 분류로 보면 음료수, 씨앗, 어류, 간장, 잉크, 땀, 소금물, 채소, 필묵, 포목, 섬유류, 비누, 세탁기, 배, 군함, 의류, 샘물 등이 물에 속한다. 방향으로는 북쪽이고 맛으로 보면 짠 맛이다. 계절로는 겨울이며, 색은 검정색이다.

인체로 구별을 해보면 신장, 방광, 요도, 자궁, 귀, 요통, 생식기, 고환, 갑상선, 혈액, 대소변, 머리의 흑점, 장딴지 등이 水(수)에 속한다.

인물이나 직업적 분류로 보면 임산부, 어부, 맹인, 매춘부, 의사, 철학자, 승려, 저술가, 양상군자, 투기업자, 술주정꾼, 부인과 의사, 공예인, 선장, 주먹구구식으로 장사하는 사람 등이다.

불 火(화)는 힘이다

우주의 근원인 태양이 불이며, 달의 은은한 열기나 빛도 불이다. 천둥이 치며 번쩍이는 번개와 벼락도 불이며, 화산이 폭발하여 흘러내리는 용암의 열기나 빛도 불이고, 대장간 화덕의 불이나, 산꼭대기에 설치하여 위급함을 알리던 봉화도, 화전민들이 살기위하여 터를 얻으려 태우던 산불이나, 정월이면 해충을 없애려고 놓았던 쥐불도, 컴컴한 바닷길을 밝히는 등대의 불도, 속상해하며 어지럽고 산란한 것도 불이며, 혼자만이 두근두근한 마음도 화이며 불이다. 천간에서는 丙(병)과 丁(정)이 불이고, 지지에는 巳(사) 午(오)가 불이다.

계절로는 여름이고, 방향으로는 남쪽이다.

물체의 분류로 보면 폭발물, 휘발유, 대형차량, 화약, 미용재료, 전화, 전등, 간판, 안경, 액세서리, 유흥장, 유원지, 사진, 등대, 편지, 정거장, 화장품 등이다.

인물과 직업으로 분류하면 용접공, 전기전자 기술자, 미용사, 보일러, 화부, 도시인, 염직공, 마부, 화가, 서예인, 호색인, 소방관, 발명가, 방화자, 부녀자, 창녀 등으로 분류

한다.

나무 木(목)은 젊은 기운의 표상

나무의 종류나 쓰임을 보면 우리네들의 일상의 모두를 차지할 만큼 다양한 쓰임을 알 수가 있는데 종이나, 목재나, 약재나 일일이 적을 수가 없을 만큼 다양하다.

木(목) 나무는 자라는 기운과 젊음의 기상이며, 동쪽이며, 하루를 여는 아침의 뜻이 있고, 교육을 뜻한다. 누구에게나 봄은 청운의 꿈이며, 자란다는 것은 어떤 용도에 쓰이기 위한 것이므로 이미 어떤 용도의 用器(용기)인가는 종자가 있으니 정해져 있다 하겠다.

나무가 다 자라면 톱이나 도끼의 다스림이 있어야 거듭 태어나는 것임을 알면 다 자란 나무는 金(금)의 기운도 두려워하지 않는다. 천간의 갑, 을과 지지의 인, 묘가 목이다.

물체로 보면 목재, 전주, 동상, 발전기, 가로수, 고층건물, 나루터, 의복, 종이, 그릇, 목기, 나무수저, 서적, 신문, 책상, 탑, 박달나무, 섬유질, 운동화, 비누, 묘목, 가구, 낚싯대 등이다.

인물로는 장사꾼, 학자, 무서운 사람, 건망증 환자, 법인, 언론인, 교육가, 판사, 노동자, 목공인, 건축업자, 유아, 지휘자, 당구 골프인, 야바위꾼, 신경성 환자 등이다.

인체분류로 보면 머리, 담낭, 눈, 근육, 동맥, 무릎, 팔, 간장, 이마, 모세혈관, 말초신경, 수족, 손가락, 발가락, 정강이를 나타낸다.

金(금)은 지배력이다

바위 덩어리에 쇠 金(금)이 들어 있다.

우리가 살아가는 터전은 공기 주머니이며 오행으로 이루어져 있다. 그중에서 단단한 것을 금이라 하였다. 철로 이루어진 것이나, 모래 속에 있는 사금이나, 바다 속에 塊(괴)로 되었거나, 고철이나, 제 기능을 할 수가 없이 녹이 나서 칙칙하게 산화된 금속이나, 임금님의 머리에 올려져 장식되는 왕관이나, 왕비님의 몸치장에 쓰이는 장신구나, 노리개에 붙어 있는 쇠붙이가 모두 금이다. 또 금은 일상에 사용하는 연장이 되고 기계나 공구, 자동차에도 쓰이고 대포나 미사일, 우주 공간에 올려지는 우주선도 쇠를 가공한 것이라 금이다.

천간의 庚(경)과 辛(신)이 금이며, 지지에는 申(신) 酉(유)가 금이다.

금속은 광물질인 돌로 이루어지니 주변의 돌이 모두 금속인 셈이다.

산에 가면 큰 바위나 작은 바위나 돌들이 있다. 산을 이루는 돌이든 강가나 바닷가의 돌이든 백사장의 모래인들 어찌 금이 아니겠는가. 금속은 그 물질의 특성에 따라 가공을 하여 물건을 이루는데 그 특성에 따라 대접을 해주고 있음을 볼 수가 있다. 희소하면서 사용처가 다양하면 귀한 몸값이요, 흔하거나 별로 사용가치가 없다면 대접을 잘 받을 수가 없다.

金(금)을 물체로 보면 은행, 물감, 차량, 지폐, 무기, 금은, 비행기, 그릇, 악기, 보석, 침, 고추, 양념 등이며, 인물로 보면 군인, 운전기사, 항공사, 철도인, 은행인, 부관, 노파, 가수, 접대부, 요리사, 마취사, 침술사 등이며, 인체분류로 보면 폐, 대장, 근골, 경락, 음성, 피부, 골수염, 정맥, 코, 혈관, 모발, 신경, 타박, 월경 등이다. 계절은 가을이며, 색은 백색이다.

흙 土(토)는 중앙이며 根本(근본)이다

토는 대륙이며 대지이다. 만물의 근본인 토는 쓰임이나 모양새에 따라서 붙여지는 이름들이 다르다. 집을 짓거나 벽을 바를 때에도 흙이 필요하고, 지붕 위에도 올려지며, 흙이 없는 곳이 있던가. 하천의 제방을 쌓는 흙이나, 산길을 열며 흩어지는 흙이나, 어디에도 토는 존재하며 때에 제 역할은 모두가 다르다.

오행의 특성상 물체로 분류해 보면 공장, 창고, 화로, 도자기, 시계, 서적, 표구, 골동품, 전자계산기, 어음수표, 물감, 조미료, 식품, 골재, 시멘트, 모자, 의상, 포목, 외래품, 위조, 특허품, 약재, 병풍, 부채, 장판, 무기, 증권, 금고, 자갈, 모래밭, 얼음판, 비품, 농토 등이다.

인물로 보면 군인, 은행원, 세무관리, 소년, 중개인, 여관업자, 囹圄(영어)인, 미용사, 불청객, 범법자, 광고업자, 법관, 요리사, 석공, 재봉사, 토목기사, 빈곤자, 주색인, 수위, 경찰관, 변호사, 예술인, 두목, 자본가, 마취사, 영양사 등이며, 방위는 중앙이고, 색은 황색이다.

天干(천간)은 戊(무)와 己(기)가 토이며, 地支(지지)에서는 진, 술, 축, 미가 토이다. 복부나 내장이 토에 속하며, 계절이 익힌 재물이며, 재화이다.

(5) 메소포타미아인들과 양력

사람들이 달력 또는 책력을 만든 것은 해와 달과 지구라는 별의 운행을 기록하여 우리네들의 생활에 이용을 하기 위한 것이었다. 지구라는 공기주머니에서는 태양계라는 굴레에서 벗어날 수 없고 태양이 품고 있는 별들(수성, 금성, 화성, 목성, 토성)까지도 우리네가 살고 있는 지구와 함께하기에 영향을 미치고 있으므로 음력과 양력을 만들어 해와 달의 움직임을 기록하여 함께 사용하는 것은 삶의 지혜라고 하겠다.

태양력, 즉 양력은 티그리스강과 유프라테스강의 중간 지역에 형성된 대평원에서 고대문명을 꽃피웠던 메소포타미아인들에 의해서 만들어져 발전되었다. 당시에는 천문학이 발달하여 태양계와 혹성, 행성들을 발견하여 그것들이 지구에 미치는 영향을 연구하여 지구에 존재하는 모든 생명, 특히 인간과의 관계를 정리하였다. 특히 메소포타미아인들은 태양, 달, 화성, 수성, 목성, 금성, 토성, 천왕성, 해왕성, 명왕성을 천체와 지구에 영향을 미치는 星(별)임을 알아서 연구하였으며, 그들은 하늘에 나타나는 12별 자리를 하늘에 쓰인 문자라고 해석을 하였다. 또 별들 사이의 일정한 관계를 분명히 정리하였고 황소좌, 쌍둥이좌, 사자좌, 물고기좌, 전갈좌, 궁수좌, 천칭(저울)좌, 물병좌, 처녀좌 등 十二宮(십이궁)의 이름도 붙였으며, 十二宮(십이궁)은 지금 사용하고 있는 달력에 일 년을 12개월로 정한 것의 근간이 되었다.

메소포타미아인들은 별들의 일정한 관계나 춘분과 추분의 달이 차고 기우는 변화의 항상성을 발견하였으며, 그러한 발견들의 항상성을 착안하여 우주와 인간과의 숫자를 산출해 내었다. 그들은 모든 변화를 태양을 주축으로 생각하여 태양력을 창안하였고 태양과 별자리의 변화를 관찰했다. 오늘날 쓰이는 원의 각도나 시간의 분과 초에 사용하고 있는 60진법의 수 체계도 그들의 소산이다. 서양에서는 지금도 그들이 연구하여 만들어 놓은 하늘의 열두 별자리를 이용하여 점성학으로 발전을 시켜서 그들의 길흉화복에 이용하고 있다.

(6) 고대 황하문명과 음력

태음력, 즉 음력은 황하유역에서 문화의 꽃을 피웠던 고대 황하인들에 의해서 창안되었다. 태양과 달을 연구 관찰하여 지구와 음양에 대한 근원을 풀고 금성, 목성, 수성, 화성, 토성을 대표적인 별로 정하여 우주와의 관계를 연구하여 음양설을 창안하였다. 황하문명인들의 연구대상이었던 태양, 달, 화성, 수성, 목성, 금성, 토성의 일곱별이 현대인들이 사용하고 있는 일주일의 근원이 되었다.

황하의 고대인들은 우주를 음양 이원론으로 보고 우주만상을 음양으로 대분하여 남자는 하늘이고 여자는 땅이라고 추리했다. 또 우주만물의 생명은 공간으로부터 유발된다는 데 착안하여 숫자를 찾아내는 한편, 지구에 직접적인 영향을 미치는 달을 연구하여 월력, 즉 음력을 만들었다. 음력은 오늘날에도 태양력인 양력과 함께 사용하고 있다.

(7) 윤년과 윤달

지구가 태양을 중심으로 운행을 하고 달이 지구를 중심으로 운행을 하며 계절을 엮어가는데, 우주의 본인 태양을 중심으로 하기에 달의 주기에서 모자라는 일수를 이삼년을 주기로 모아서 한 달을 만들어 주어 태양의 운행에 맞추어 나간다. 그것을 윤년이라 하고, 달을 윤달이라 한다. 윤달은 특성상 달의 행위가 중심이 되어 만물을 키우고 결실 맺는 것을 도와주기 위해서 있다. 달의 행위가 자연과 자연에 의지하여 살고 있는 모든 동물들에게 유익함을 주기에 윤달은 태양의 자전주기이며, 한 살인 120년으로 볼 때에 44번이 든다. 한 갑자인 60년에는 22번이 들게 되는데 윤달의 분포를 보면 계절의 봄, 여름, 가을에 들게 됨을 알 수 있으니 이는 자연을 키우고 자라게 하며 열매를 익히는 일을 하기 위한 것을 알 수가 있겠다.

(8) 운세학의 발전

운세학이라면 음양오행의 일정한 상생상극의 관계를 이용하여 인간들이 모여 사회를 이루고 살면서 모든 일들은 자연과 함께함을 알아 천체의 일체성과 항상성을 이용하여 오래전 상고시대나 고대사회에서 인류가 문화를 발전시키면서 함께 발전을 해왔다.

해와 달 등 천체를 운행하는 별들이 항상 같은 궤도를 일정히 도는 것에서 자연의 순환법칙이 있음을 알게 되었다.

고대인들은 이를 관찰하고 연구하면서 음양과 오행의 틀을 정하였다. 농경사회에서는 이 관측 자료를 농사에 이용도 하였고, 기상관측의 측면으로도 이용을 하였으며, 점차 識者(식자)들에 의해서 통치자 중심으로 신관이나 제사장 등 지배층이 정보를 소유했었다. 시대에 따라서 이 지식은 통치의 수단으로서 일반인들은 넘볼 수 없는 신의 영역으로 치부하여 숨기고 은밀히 전하며, 밖으로의 노출을 극도로 피하던 때도 있었다.

자연에서 터 잡고 자연의 일부로 살아가는 사람들의 운명까지도 천체의 운행이 관여하고 있음을 알게 되면서 음양오행을 사람의 운세를 미리 점 쳐보고 예측을 하며, 앞날의 일들을 알아보는 운세학으로 자리매김하게 되었다.

자연 속의 모든 것에 음양이 존재하고 암수가 함께 자리하고 있는 것도 이들 천체의 영향을 받기 때문이며 암놈이나 수놈이나 하는 짓거리도 그에 따라 달라진다. 이 천체의 수를 찾아 명과 운세를 미리 알아보자는 것에서 발상하여 운세학의 발전을 이끌어 왔다.

2 天干(천간)과 地支(지지)

(1) 天干(천간)과 12地神(지신)의 생성

   천간을 정하여 사용을 했다는 것은 천체(우주)의 행성들의 움직임이나 태양계나 은하의 움직임까지도 알았으며, 하늘에 떠있는 모든 별들의 항상성과 불변성도 알았으며, 태양계의 목성, 화성, 토성, 금성, 수성이 지구와 함께 태양계에 떠있는 별임을 알았기에 오행을 정하여 사용을 하게 되었다.

   천간지지를 만들어 사용한 것은 태호복희의 팔괘역법보다도 훨씬 이전으로 거슬러 올라가야 한다. 세상이 사람들에 의해서 생겨나면서부터 음양과 오행은 본래부터 존재했다. 이는 글이 생겨나서 문화가 후대로 전해지기 훨씬 이전의 일이며 태초의 사람들에 의해서 만들어져 사용해오고 있는 것이다.

   사람이 태어나 자라서 성장을 하면 누구라도 배우자를 만나서 후사를 이어가는데 각각의 이성은 태어나고 자라며 서로 다른 환경에서 서로 다른 인연의 부모 밑에서 자라기에 서로의 문화가 다르고, 상황에 대처하는 행동이 서로 다르며, 지역 간에 이어져 내려오는 풍습도 다를 것이다. 또한 그들의 후사를 잇는 자손은 부와 모의 유전자를 반씩 이어가는 것을 알고 있으리라.

   天干(천간)과 地支(지지)의 근원을 알아보려면 우리 배달민족의 개국역사까지 거슬러 올라가야 한다.

   배달국의 시작은 하늘의 桓因(환인)이 지상의 太白(태백)을 내려다보며 "가히 弘益人間(홍익인간)할 만한 곳이로다" 하니 신하들이 桓雄(환웅)이 용맹함과 지혜를 갖추었기에 홍익인간의 이념으로써 세상을 바꿀 뜻이 있사오니 그를 보내시어 세상을 다스리게

함이 좋겠다고 하였다. 그리하여 환인은 환웅을 불러 천부인 세 가지를 내려주시고 "수고를 아끼지 말고 무리 3,000을 이끌고 땅으로 내려가서 하늘의 뜻을 열고 가르침을 세워 세상을 잘 다스려서 만세의 자손에게 큰 모범을 될지어다"라고 하셨다.

이에 환웅은 무리 3,000과 함께 태백으로 내려와서 神市(신시)에 도읍을 열고 배달국이라 하였다.

환웅은 천부의 징표(삼부인)를 지니시고, 오사를 주관하시고, 세상에 계시면서 두루 교화를 베푸시니 세상과 인간들에게 큰 유익을 주셨다.

배달국의 시초에 환웅과 함께 하늘에서 지내던 3,000의 무리가 환웅을 따라서 지상의 태백으로 내려온 것을 알 수가 있는데 人(인)의 형상으로 내려왔을까? 아니면 하늘에 살았던 천신이기에 신의 모습으로 내려왔을까?

형상은 사람이었으나 神(신)이었을 것이고, 신이면서 사람이었을 것이다(人非人, 인비인).

사람들이 산다는 것은 움직이며 활동을 하고 말을 하고 타인과 접촉을 하며 서로의 의사가 소통이 되어야 통하는 것인데 소통이 되려면 말이나 행동을 배우고 익혀야 할 것이며 하루아침에 말이나 행동을 배우고 익힌다고 소통이 되는 것은 아니지 않는가?(사람인데.)

헌데 환웅과 3,000의 무리는 완전한 인간으로 세상에 내려왔을 것이며 모든 생활은 자신들이 살았던 천계에서의 생활을 그대로 유지했을 것이다. 지상으로 내려왔다고 하여 지상에서 새롭게 무엇을 배울 필요가 없었을 것이며 자신들이 해오던 대로의 행동이니, 말이나, 모든 풍습이 지상에 터를 잡고 살면서도 변함이 없었을 것이다.

땅으로 내려와서 사회를 이루며 살아가면서도 그들은 神(신)이였기에 세상만물이 空(공)함 속에서 들고나는 것을 알고 있었으며 대우주 천체의 행성과 별들의 운행을 알았을 것이다. 그리고 지구가 허공에 떠있는 별임도 알았을 것이기에 지구가 속해있는 태양계의 별들을 정리하여 10天干(천간)을 정하고 地支(지지)의 12지신을 정하여 오행에 배속하여 일상의 생활에 이용하였을 것이다.

그들은 干支(간지)를 이용하여 계절과 曆(력)을 정하고 천문을 알아서 별자리의 움직임까지도 훤히 알고 있었을 것이다. 천간이나 지지 역시도 누가 창안하거나 만들어서 사용한 것이 아니라 환웅과 함께 온 천인들이 천계에서 생활하며 익히 사용하던 모든 것들을 그대로 가지고 와서 지상에서의 생활에 적응하고 응용하면서 사용했을 것이다.

천간인 甲(갑), 乙(을), 丙(병), 丁(정), 戊(무), 己(기), 庚(경), 辛(신), 壬(임), 癸(계)와 지지인 子(자), 丑(축), 寅(인), 卯(묘), 辰(진), 巳(사), 午(오), 未(미), 申(신), 酉(유), 戌(술), 亥(해)는 옛 환웅의 시대에 천계에서 사용하던 것을 지상에 와서도 그대로 사용한 것이며, 오행(목화토금수)이나 60갑자의 사용도 그러하다.

태호복희씨의 河圖(하도)(용마의 등에 그려진 점을 그림)나 하나라 우왕 시절의 낙수에서 나온 거북의 등에 드리워진 점을 그린 洛書(낙서)로 괘를 만든 것은 後代(후대)의 일이다.

(2) 오행의 기원에 대하여

음양오행을 이용하여 운세를 살펴보는 명리학의 골격은 송나라 시대의 《연해자평서》를 쓴 서자평에 의해 일주를 중심으로 운세를 보는 방법으로 자리를 잡아 근세에 이르고 있다. 그 이전에는 당나라 시대에 이허중이 생년월일시의 생극제화와 왕상휴수론에 의해 생년을 중심으로 운세의 길흉화복을 통변한 당사주가 있다.

당사주 이전에도 많은 역서들이 있었겠지만 근원을 밝힐 수가 없으며 오행의 기원에 대해서는 사람들의 필요에 의해서 기상학적인 측면과 점성학적인 측면이 자연발생적으로 생겨나 첨삭을 거듭하며 점진적으로 발전해왔다.

천간은 만물이 자라나는 순서를 중심으로 엮어 목(갑을), 화(병정), 토(무기), 금(경신), 수(임계)를 배속하였으며, 지지는 木星(목성)의 자전주기가 12년인 것을 알아 12마리의 동물을 배속하였다.

(3) 오행 治水(치수)법

漢族(한족)이 자신들의 역사에서 천하태평시대를 요왕과 순임금의 시대라고 하고 있으나 요임금의 시대에 몇 년에 걸쳐 대홍수의 재앙으로 물이 넘쳐났으니 중국의 二十五

史(사)의 저자인 사마천의 《사기》나 《서경》에 당시의 중원을 이렇게 기록하고 있다.

" 아! 사악이여, 넘실대는 홍수는 넓은 땅을 뒤덮고 물은 산을 잠기게 하며 언덕 위로 오르는 거친 기세는 하늘을 찌를 듯하다."

백성들이 이를 한탄하고 있으니 누가 이 홍수를 다스릴 수 있겠는가? 하니 모든 신하가 鯤(곤)이라는 사람을 추천하였다.

요임금은 곤에게 치수의 담당 관리를 명하였으나 아무런 성과를 거두지 못하였다. 요임금의 뒤를 이은 순임금이 제위에 오르자 상국인 朝鮮(조선)에 도움을 청하려 禹(우)를 보내었고, 우는 상국으로부터 오행치수법이라는 신서를 받아와 治水(치수)에 성공을 하였다.

사천삼백여 년 전에 고조선에서는 오행의 상생상극으로 치수를 다루었음을 알 수가 있고 음양과 천간과 지지의 생성은 고조선시대 이전인 배달국의 때임을 알 수가 있겠으나, 눈 밝고 귀 밝은 학자들이 나서서 발굴하거나 냉철한 연구가 뒤따라야 할 것이다.

일주일을 칠일로 정하여 사용하고 있는 것도 고조선의 2대 단군이신 부루왕 때에 백성들의 불편함을 덜기 위하여 되와 저울과 七回曆(칠회력)을 만들어 사용을 했다는데 칠일(일, 월, 화, 수, 목, 금, 토)이 돌게 하는 력은 현재에 사용하고 있는 달력이며 일주일의 근간임을 알 수가 있겠다.

(4) 태호복희의 팔괘

한족(중국인)들의 뿌리는 삼황오제에 두고 있으니 三皇(삼황)은 태호복희, 염농신제, 황제헌원이고, 五帝(오제)는 전욱 고양, 소호 금천, 제곡 고신, 요 임금, 순 임금을 일컬음이며, 密記(밀기)에 이르기를 태호복희는 배달국의 신시에서 태어나 雨師(우사)가 되었다. 신룡의 변화를 보고 괘도를 만들고 癸亥(계해)로 시작되는 역법을 甲子(갑자)로 시작되는 것으로 고쳤다. 결국 음양오행설은 배달국의 문화에서 나와 한족의 중원으로 흘러갔다는 것을 알 수가 있겠다. 우사란 비를 관장하는, 즉 물을 관리 감독하는 배달국의 관직이다.

중국의 서량지 교수도 《중국사전사화》에서 '曆法(역법)은 東夷(동이)가 창시자이며 소호 이전에 발명되어 사용하였다'고 밝히고 있다. 東夷(동이)란 중국에서 부르는 고조선이며 배달국을 말한다.

중국의 학자 필장복은 자신의 저서 《중국인종 북래설》에서 '동방인종의 五行(오행) 관념은 동북아(동이)에서 창시된 것을 계승한 것이다'라고 했다.

(5) 오행의 五事(오사)

五行(오행)이란 물 불 나무 흙 쇠의 다섯 가지를 말한다. 이는 항상 움직이며, 변하며, 절차를 거치며, 형제처럼 나란히 行(항) 같이 함을 볼 수 있다.

생명체는 물이 있어야 존재하는 것처럼 모든 생물은 물로부터 시작을 하니 오행 중에서 맨 먼저는 물이다. 물은 有液無氣(유액무기), 즉 액은 있지만 기운이 없는 것을 水(수)라고 한다. 다음의 불이니 有氣無形(유기무형)으로 기만 있고 모형이 없는 것을 火(화)라고 하며, 세 번째 나무는 有形無質(유형무질)로 형상은 있으나 질이 없는 것이 木(목)이고, 네 번째 쇠는 有質無體(유질무체)로 질은 있는데 체가 없는 것을 金(금)이라 하며, 다섯 번째의 흙은 有質有體(유질유체), 즉 형상과 질을 다 갖춘 것을 土(토)라 하고 오행의 본(本)이다.

(6) 오행의 상생과 상극

相生(상생)이란 서로 생하여 도와주는 것을 말하는데 목생화, 화생토, 토생금, 금생수, 수생목이다. 나무가 타면서 불을 만들고 따뜻하게 하니 목생화요, 불이 흙을 굽고 데우며 재가 남아 흙으로 돌아가니 화생토요, 흙이 쌓이고 쌓이면 단단해지며 금을 만들어가니 토생금이요, 돌이나 바위에 냉기가 서려 물이 생겨나니 금생수요, 물이 나무나 식물들을 자라게 하니 수생목이다.

相剋(상극)이란 상대를 이겨낸다는 말이다. 어느 한쪽에는 피해나 손실을 가져온다는 뜻이나 자연에서는 꼭 극성이 나쁜 것도 아니며 때론 필요할 때도 있고, 때론 새로운 것을 생산도 해내니 잘 살펴야 하겠다. 목극토, 토극수, 수극화, 화극금, 금극목이며, 나무가 땅속으로 뿌리를 내리고 파고 들어가니 목극토이다. 흐르는 물을 흙으로 제방을 만들어 물을 가두어 막으니 토극수요, 타는 불도 물을 퍼부어 꺼버리니 수극화이며, 불이 쇠나 바위의 돌덩이를 녹이니 화극금이고, 쇠나 도끼나 칼이나 능히 나무를 베고 자르니 금극목이라 한다.

파고 들어가거나, 둑을 쌓아 막거나, 꺼버리거나, 녹이거나, 자르거나, 자연이 하는 일들은 어느 한쪽으로 보면 손실과 파괴만 있을 것이라 생각을 하지만, 克(극)하고, 極(극)의 하는 일이 자연의 순환이며 자연의 원리인 것이다.

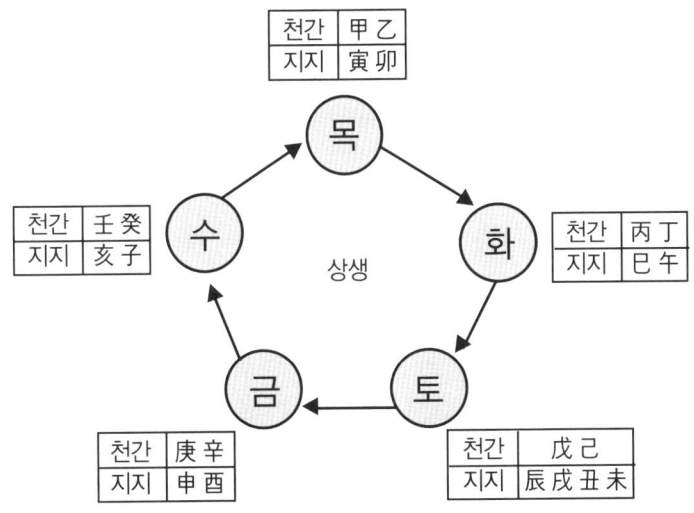

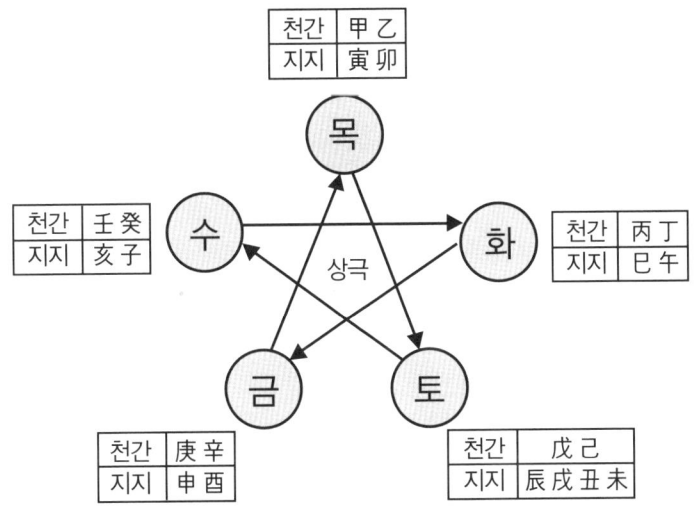

3 음양과 천간지지

(1) 천간(하늘에 드리워진 문자)

천간과 지지를 정한 고대인들은 우주를 음양이원론으로 보았으며 우주만물의 생명은 空(공)에서 들고나며 생하고 멸하는 것을 알아서 天干(천간)과 地支(지지)를 정하여 일상생활에 활용하였다. 陽(양)은 천체에서는 태양이며 대지에서는 대륙이며 사람은 남자이고, 陰(음)은 하늘에서는 달이며 땅의 대지에서는 대양(바다)이며 사람은 여자로 정하였다.

천간을 정함은 남자는 하늘의 양을 대신하기에 남자 신체가 구비한 十空(십공)에 착안하여 10천간을 정하였고, 지지는 여자의 신체가 구비한 十二空(십이공)으로 12지지를 정하였다.

음양과 오행의 생성을 암수의 10공과 12공에서 착안한 것은, 공은 생과 멸을 포함하고 있으며, 생명의 시발이며, 무극이며, 모든 생명들이 태어나는 본래의 자리이기 때문이다.

天干(천간)은 하늘에 떠있는 별들을 하늘에 드리워진 문자로 추리하여 음양과 함께하는 그 별들(화성, 수성, 목성, 금성, 토성)을 甲(갑), 乙(을), 丙(병), 丁(정), 戊(무), 己(기), 庚(경), 辛(신), 壬(임), 癸(계)로 하여 천간을 정하였다.

하늘을 떠바치고 지키는 일을 하고 있으므로 하늘 天(천), 방패 干(간)자를 썼다.

하늘의 둥근 모양을 본떠 동서남북과 중앙에는 토의 자리를 배치하였다.

하늘의 자리가 모든 것들의 머리 위에 있으며 하늘은 변화무상하게 움직이고 자유자재하며, 땅에서 일어나는 모든 것들을 결정하고 집행한다는 뜻이 있음을 헤아려야 할 것이다. 그리고 천간은 암수를 정하고 계절을 만들고 나이를 정한다.

(2) 천간의 의미

천간	명칭	천간의 의미
甲	大林木(대림목)	모든 재화는 밭에서 키워서 구하므로 만물의 성장을 뜻한다. 목재, 원목, 송, 목
乙	花草木(화초목)	새싹이 싹이 터 나올 때 굽은 풀이다. 화초, 덩굴, 잎사귀, 채소, 꽃
丙	太陽火(태양화)	태양의 밝고 더운 열기로서 만물을 번성케 한다. 태양, 큰불, 밝은 불, 허풍, 허황
丁	燈燭火(등촉화)	힘센 장정의 어깨처럼 만물을 포근히 감싸는 밝은 빛. 달빛, 등촉불, 불씨, 산소 불, 촛불
戊	成垣土(성원토)	만물을 무성하게 하므로 만물의 근간이며 넓은 대지이다. 제방, 태산, 운동장, 건물
己	田園土(전원토)	성장한 몸이므로 완숙하여 안정됨을 의미한다. 초원, 화분 흙, 평야, 도자기, 전원
庚	劍戟金(검극금)	가공되지 않은 쇠, 자동차, 원석, 중장비, 쇠뭉치, 무기이다. 열매나 소득의 뜻도 있다.
辛	珠玉金(주옥금)	열매가 9번의 고통을 지나 곡식으로 태어나는 것을 의미한다. 연금을 거친 금, 장식, 보석, 침, 장식용 쇠
壬	江湖水(강호수)	음이 극대하여 양이 시샘한다. 회임, 도도한 기상, 강과 호수, 바다, 우물, 저수지
癸	雨露水(우로수)	만물이 결실을 마치고 셈을 끝내고 곡간에 저장된 곡식. 종자, 이슬비, 샘물, 눈물, 골짜기 물, 낙숫물, 진액

(3) 천간의 字(자)의 해설

천간의 字意(자의)는 자연계의 생물이 각 계절을 만나 싹을 키우고, 꽃이 피어, 열매를 맺어, 수확하여 저장되어가는 과정을 품고 있다. 사람들의 인생살이로 본다면 어린 유아기를 지나며, 자라서 힘이 있는 청년기를 거쳐, 노련한 장년기와 완숙한 노년기를 나타내고 있으며, 각각의 시기를 인생의 생장멸사를 품고 있으며, 나이의 순서로 배열되어 있다.

甲(갑)은 밭 田(전)자와 뚫을 ㅣ(곤)자이다. 일체 만물이 껍질을 뚫고 나오는 형상의 글자이다. 시작을 뜻하며 먹을 것을 생산하게 되니 중요하다.

乙(을)은 새싹이 나오며 꼬부라진 형상이니 만물의 初生(초생)을 나타내며, 생겨나서 자라는 것을 형상화한 자이다. 오리 형상으로 보기도 하며 오리 알은 약재로도 사용하였으니 귀한 대접을 했으리라.

丙(병)은 만물이 싹을 틔우고 새싹이 자라려면 밝고 더운 열기가 필요한데 때에 더운 열기와 번성하도록 도와주는 형상의 자이다.

丁(정)은 만물을 어깨로 포근히 감싸는 온정의 뜻과 힘센 장정의 어깨를 뜻하기에 밝음과 온정과 온기로 하나하나의 생물에게 힘을 주는 형상의 자이다.

戊(무)는 번성하다는 茂(무)의 뜻이니 만물을 무성하고 풍성하게 하게 하며 잘못자란 싹이나 결실이 없을 것은 伐(벌), 베어버린다는 뜻을 담고 있다.

己(기)는 성장한 자신의 몸을 형상화한 자이며 씨를 담고 있으니 완숙과 안정으로 자신을 다스리는 여자를 형상화하였다.

庚(경)은 열매가 맺어 소득과 결실이 있음을 뜻하고 익었으나 가공의 손길을 기다리는 쇠이다. 가공의 때와 손길을 기다리고 있으니 원석의 돌맹이다.

辛(신)은 열매가 익어도 아홉 번의 손질과 부스러짐의 고통을 거쳐서야 곡식이 되어 나오는 것을 뜻한다. 돌이란 광석에서 10번의 손질과 가공을 거쳐야 빛을 발하는 보석이 만들어진다는 뜻이다.

壬(임)은 회임하다 姙(임)의 뜻이 있고 음과 양이 함께하며, 음의 극대에서 양이 始生(시생)함을 뜻하며, 어디에도 굴하지 않는 도도한 기상을 뜻하는 자이다.

癸(계)는 만물이 결실을 마치고 곳간에 들게 되어 지난해의 결실을 셈을 하고 다음해에 쓰일 종자를 선택하여 갈무리를 한다는 뜻의 자이다.

(4) 천간의 동물

목 갑(여우) 을(담비)   화 병(사슴) 정(노루)
토 무(자라) 기(오리)   금 경(까치) 신(꿩)   수 임(제비) 계(박쥐)

갑	여우	영리하고 재치가 있으며 민첩하고 빠르다.
을	오소리	부드럽다. 여리고 순하나 공격적이고 귀하다.
병	사슴	뿔을 과시하며 활동적이다.
정	노루	민첩하고 날렵하며 용감하다.
무	독수리	하늘의 제왕, 리더로서 위엄을 갖추었다.
기	오리	하늘과 물을 오가니 위와 아래가 안정하다.
경	까치	무리를 이루고 장난이 심하며 짓궂다.
신	꿩	옷을 아름답게 입고 있으니 뽐낼 만하다.
임	제비	높이 날고 고고하니 여유가 있으리라.
계	박쥐	밤낮이 바뀐 생활. 눈이 어두워도 잘 날아다닌다.

4 음양과 12지신

(1) 땅의 붙박이동물들

　地支(지지)의 열두 마리의 동물을 일컫는다. 子(자), 丑(축), 寅(인), 卯(묘), 辰(진), 巳(사), 午(오), 未(미), 申(신), 酉(유), 戌(술), 亥(해)를 말하며, 땅의 특성상으로 보면 하늘에서 행하는 모든 일들을 감당하고 순응하며, 땅을 지켜낸다는 뜻을 담고 있다. 지지는 일 년의 열두 달과 계절을 관장하고 계절을 익히는 일을 하고 있다.

　지지에 정하여진 열두 마리 각각의 동물들이 어떤 연유로 정해졌는가?

　각각의 동물들은 어떤 일들을 하는가를 살펴보면, 음과 양의 숫자를 중심으로 땅에 닿는 발이나 발가락을 중심으로 배속되어 있다.

　子(자) 는 쥐를 말하며 앞발가락이 네 개이고 뒷발가락이 다섯이라 발톱은 아홉이니 양의 첫째 자리에 두었고, 물에 속하고 계절은 11월이니 한랭하고 쓸쓸하며, 발톱을 보면 4와 5가 함께 있으니 음과 양이 함께 있음을 알아야겠다. 영리하고 재치 또한 있으나 제 꾀에 제가 빠짐을 주의해야 하겠다.

　丑(축) 은 소를 말하며 소는 발가락이 둘로 나뉘어서 음수이니 두 번째 자리에 놓았다. 토에 속하고 계절은 12월이며, 대지는 꽁꽁 얼어있는 凍土(동토)이다. 소가 일하지 않고 쉬는 계절이며 내년을 도모하려 열심히 궁리하고 있으며, 소에게는 가장 좋은 계절이다.

　寅(인) 은 범을 말하며 발가락이 다섯이라 양수이니 셋째 자리에 놓았으며 목에 속하고, 계절은 정월이며 겨울을 이겨낸 다 자란 나무이다. 새로운 해를 시작하는 때이니 백수의 제왕답게 기세가 등등하며 金(금)의 기운도 감당할 만하다.

　卯(묘) 는 토끼를 말함이며 발가락이 넷이니 음수로 넷째 자리에 놓았다. 목에 속하며 계절은 이월이고, 청색을 나타내고, 부지런함과 민첩함과 영리함도 있으나 신경질적이며, 뜻을 굽히지 않고, 고집이 유난히 센 것도 유의해야 할 것이다.

辰(진)은 용을 말하며 발가락이 다섯이라 양수로 다섯 째자리에 놓았으며 계절은 3월이고 농사짓기에 좋은 양질의 흙이며, 오행은 봄의 결실인 土(토)이다. 12地支(지지)의 동물 중에서 유일하게 想像(상상) 속의 동물이다. 보이지 않은 동물이라 감추어져 있다는 뜻이 내재되어 있으니 보석이나 보물로 보면 발견하고 본 사람만이 가질 수 있을 것이다.

巳(사)는 뱀을 말함이며 혓바닥이 둘로 갈라졌으니 음수로 여섯 번째에 놓았고 불이며, 계절은 4월이고 12지동물 중에서 유일하게 다리가 없음을 잘 살펴야겠다.

午(오)는 말이며 말은 발굽이 둥글게 하나로 되었으니 양수로 일곱째 자리에 놓았고 이글거리는 태양이요, 넘치는 용광로의 용암이다. 정직하나 허풍과 오락에 치우침을 경계해야 하며, 계절은 오월이고 남쪽의 기운이다.

未(미)는 양이나 염소를 가리키며 발굽이 둘로 쪼개졌으니 음수로 여덟째에 놓고, 계절은 6월이고, 여름의 결실인 메마르고 거친 土(토)이다. 독립성과 협동성도 뛰어나지만 투쟁의 본성인 야성이 강함도 유의해야 하겠다.

申(신)은 원숭이를 말하는데 발톱이 다섯이니 양수로 아홉 번째에 놓고 금에 속하며, 계절은 7월이다. 지모가 있고 영리하나 게으르고 무리지어 생활을 하며 쇠로 보면 가공이 안 된 원석이니 제 꾀에 제가 넘어갈 수 있어 염두에 둬야 하겠다.

酉(유)는 닭을 말하며 발가락이 넷이니 음수로 열 번째에 두었으며, 금에 속하니 가공된 보석이요, 공구요, 기계이다. 계절은 8월이고 신경질적이며, 크든 작든 대항하며, 쪼는 자학적인 면이 있으니 염두에 누자.

戌(술)은 개로 발가락이 다섯이라 양수로 11번째에 두었고, 계절은 9월이고 가을의 결실인 토에 속한다. 뱃심도 있고 충성심이 있어 순종하지만 돌변하면 맹수와 같으니 때로는 공포의 대상이 될 수도 있어 염려가 된다.

亥(해)는 돼지이며 발굽이 양분되었으니 음수로 12번째에 놓았고, 水(수) 물이며 겨울의 시작인 10월에 속한다. 다산을 뜻하기도 하고, 재물을 상징하기도 하며, 넉넉함의 뜻도 있다.

12지의 동물들은 이원론적으로 음과 양의 형태를 중심으로 결정하여서 땅에 닿는 발이나 발톱을 중심으로 배속된 것을 숙지해야겠다.

(2) 오행의 속성 활용도

五行	木(목)		火(화)		土(토)		金(금)		水(수)	
음양	양	음	양	음	양	음	양	음	양	음
천간	甲(갑)	乙(을)	丙(병)	丁(정)	戊(무)	己(기)	庚(경)	辛(신)	壬(임)	癸(계)
천간의 동물	여우	오소리	사슴	노루	자라	오리	까치	꿩	제비	박쥐
지지의 동물	寅(인) 호랑이	卯(묘) 토끼	午(오) 말	巳(사) 뱀	辰(진) 戌(술)	丑(축) 未(미)	申(신) 원숭이	酉(유) 닭	子(자) 쥐	亥(해) 돼지
生 數(생수)	3		7		5		9		1	
成 數(성수)		8		2		10		4		6
五行	木(목)		火(화)		土(토)		金(금)		水(수)	
방위	東(동)		南(남)		中央(중앙)		西(서)		北(북)	
계절	春(춘)		夏(하)		間(간)		秋(추)		冬(동)	
색	靑(청)		赤(적)		黃(황)		白(백)		黑(흑)	
인체	간, 담, 신경		심장, 소장, 눈병		비, 위, 복부		폐, 대장, 호흡		신장, 방광, 자궁	
질병	얼굴, 두통		고혈압, 편두		당뇨, 피부		근골, 사지		혈액, 생식	
오체	肩(견)		胸(흉)		足(족)		頭(두)		腹(복)	
오관	目(목) 눈		舌(설) 혀		肩(견) 어깨		鼻(비) 코		耳(이) 귀	
오미	酸(산) 신맛		苦(고) 쓴맛		甘(감) 단맛		辛(신) 매움		鹹(함) 짠맛	
오기	風(풍)		熱(열)		濕(습)		燥(조)		寒(한)	
상생	生(생), 火(화)		生(생), 土(토)		生(생), 金(금)		生(생), 水(수)		生(생), 木(목)	
상극	剋(극), 土(토)		剋(극), 金(금)		剋(극), 水(수)		剋(극), 木(목)		剋(극), 火(화)	
기운	생산, 양육		왕성, 활력		성실, 중후		살벌, 엄숙		쇠퇴, 감춤	
오의	인정		명랑		중후		냉정		비밀	
오진	色(색)		聲(성)		香(향)		味(미)		觸(촉)	
오격	曲直(곡직)		炎上(염상)		稼穡(가색)		從革(종혁)		潤下(윤하)	
오사	교육		사업		영농, 종교		군인, 혁명		법관	
오심	희열		다변		지체		급속		음흉	
오상	仁(인)		禮(예)		信(신)		義(의)		智(지)	
오곡	보리		기장		밤		벼		콩	
오음	牙(아)		舌(설)		喉(후)		齒(치)		脣(순)	
오형	길고		세모		원형		네모		둥글다	
모양	뻣뻣하고 장대하다		활발하고 조급하다		무겁고 탁하고 투박하다		네모반듯하고 완강하다		부드럽고 수려하다	
소리	呼(호)		言(언)		歌(가)		哭(곡)		呻吟(신음)	
오음	각		치		궁		상		우	

(3) 지지의 물체

〈지지의 물체 해설〉

子	음식물, 종자, 어류, 간장 액체, 생선, 잉크, 땀, 소금물, 채소, 필묵, 원천, 수, 생수	午	박테리아 균, 화장품, 액세서리, 못, 유원지, 유흥장, 간판, 학용품, 국기, 안경, 사진, 전등, 등대, 사진기
丑	무기, 음식, 증권, 금고, 차고, 인쇄기, 전기제품, 이불, 커튼, 만주, 얼음판, 비품, 의복, 농토, 자갈, 모래밭	未	어음, 수표, 물감, 조미료, 식품, 골재, 시멘트, 혼수, 모자, 의상 드레스, 포목, 음료수, 꽃집
寅	발전기, 피아노, 목재, 동상, 전신주, 가로수, 고층건물, 나루터, 의복, 서적, 신문, 목기, 책상, 탑, 박달나무	申	극장, 은행, 지폐, 차량, 무기, 금은, 보석, 비행기, 절단기, 칼날, 수도관, 전선줄, 농기구, 트랙터, 중장비
卯	화초, 비누, 운동구, 섬유질, 묘목, 옷장, 가구, 책상, 낚싯대, 종이, 그릇, 의복, 목기, 나무젓가락, 버드나무	酉	그릇, 마이크, 악기, 보석, 침, 은행, 현금, 귀금속, 곳추, 양념, 마취약, 노랫소리, 된장, 핸드폰
辰	외래품, 토석, 비밀장소, 위조, 특허품, 골재, 약재, 도자기, 병풍, 부채, 장판, 포장, 비행기, 토산	戌	보안등, 창고, 공장, 골키퍼, 화토, 도자기, 각종 시계, 골동품, 컴퓨터, 전자계산기, 서적, 표구
巳	정류장, 전화, 담배, 편지, 종점, 대형차량, 화약, 폭발물, 휘발유, 미용재료, 전등, 사진, 등대, 액세서리	亥	간장, 바다, 소금물, 음료수, 주류, 포목, 섬유류, 팔목, 세탁기, 비누, 배, 군함, 여객선, 커튼, 의류, 생선

(4) 지지의 발병과 인체

〈지지와 인체 & 발병〉

子	비뇨기	신장, 요도, 자궁, 귀, 요통, 음부, 정자, 생식기, 월경, 갑상선, 고환	족소음 신경
丑	위장	비장, 복부, 수족, 횡격막, 맹장, 췌장, 입	족태음 비경
寅	심장	머리, 담낭, 눈, 근육, 동맥, 무릎, 팔	족소양 담경
卯	간장	간장, 이마, 눈, 모세혈관, 근육, 말초신경, 수족, 손가락, 발가락, 정강이	족궐음 간경
辰	망각증	위장, 피부, 등과 허리, 가슴, 코, 맹장, 겨드랑이	종양명 위경
巳	치통	소장, 얼굴, 치아, 복부, 인후, 편도선, 삼초, 심포, 혓바닥	수태양 소양경
午	정신병	심장, 눈, 혀, 신경통, 정신, 심포, 시력, 열	소소음 심경
未	허토병	위장, 배, 입, 입술, 잇몸, 척추, 복부, 수족	족태음 비경
申	대장염	폐, 대장, 입, 입술, 잇몸, 척추, 복부, 수족	수양명 대장경
酉	폐결핵	폐, 코, 음성, 혈관, 피부, 모발, 입, 월경, 뼈골, 신경, 타박	수태음 폐경
戌	공포증	위장, 명문, 갈비, 두뇌, 대퇴부, 가슴, 대변, 항문, 위신경	종양명 위경
亥	방광염	고환, 생식기, 월경, 혈맥, 대소변, 자궁, 종아리, 머리흑점	족태양 방광경

(5) 지지의 인물

〈지지의 인물 해설〉

지지		해설
子	천수	임산부, 아이들 국소, 매춘부, 어부, 야경인, 맹인, 의사, 승려, 철학자, 저술인, 양상군자
丑	동토	군인, 은행원, 세무 관리, 복권 경리사원, 소년, 중개인, 유아, 기사, 여관업자
寅	목근	무서운 사람, 건망증 환자, 장사, 학자, 법인, 발명가, 언론인, 문화인, 교육자, 판사
卯	초목	신경환자, 노동자, 건축업자, 목공인, 유아, 지휘자, 마부, 당구, 야바위꾼, 골프인
辰	습토	불청객, 범법자, 미용사, 목공, 배달부, 재목상, 중개인, 항공사, 광고업자, 법관, 검사인
巳	지열	장녀, 부녀자, 불을 취급하는 사람, 용접공, 보일러, 미용사, 전기 전자 기술자, 제품취급자, 방송기술자
午	화산	문화인, 도시인, 마부, 교육자, 염직공, 화가, 서예인, 호색가, 발명가, 방화자
未	조토	주색인, 요리사, 석공, 재봉사, 부관, 토목기사, 농부, 도자기상인, 잡역부, 잡화, 빈곤자
申	광석	군인, 운전기사, 항공인, 통신사, 기능인, 철도인, 행인, 모모, 노파, 부사장, 부관, 보조인
酉	금석	소녀, 가수, 접대부, 요리사, 식모, 비처녀, 군인, 은행원, 마취사, 침술사, 그래픽
戌	사토	비밀, 사기꾼, 기사, 공예인, 수위, 경찰관, 교도관, 변호사, 예술인, 자본가, 두목
亥	해수	투기업자, 술주정꾼, 주먹구구식 장사꾼, 부친, 임산부, 어부, 선장, 부인과 의사, 공예인, 예술인

(6) 오행특질 및 동물의 분류

〈천간 지지의 오행 특질 및 동물 분류표〉

간지	동물	간지		간지	동물	간지		간지	동물	간지		간지	동물	간지
甲	여우	辰木		丙	사슴	太陽		庚	까치	大金		壬	솔개 제비	湖水
卯	토끼	草木		午	말	熱火		酉	닭	鐵金		子	쥐	海水
乙	오소리	草葉		丁	노루	起火		辛	꿩	針金		癸	박쥐	溪水
辰	용	固土		未	염소	濕土		戌	개	寒土		丑	소	濕土
巽	교룡	煙火		坤	들개	城土		乾	이리	堅金		艮	게	城土
巳	뱀	小火		申	원숭이	劍金		亥	돼지	河水		寅	범	劍金

戊 : 가재(大土)　　　　　　　　　己 : (薄土)

5 본은 天(천), 地(지), 人(인)이다

(1) 三才(삼재)와 삼재의 수

자연을 이루고 있는 요소를 삼재라 하였는데 하늘과 땅과 사람을 말하며 곧 자연이고 우주만물의 근본을 말한다. 삼재는 天才(천재), 地才(지재), 人才(인재)이다. 하늘이 열리고 땅이 굳어져 공간이 생기어 사람들이 살아갈 수 있는 자연의 터전이 생기게 되었을 것이고 삼재의 생성을 살펴보면 하늘을 이루고 있는 천재의 생성순서는 화수목금토이며, 생성순서의 오행이 순서대로 천수를 이루고 지재인 땅의 생성순서가 토금목수화이니 이것 또한 생성의 순서가 지수를 이루며, 인재는 사람의 생성순서인 수화목금토이며 인수를 이룬다. 이는 자연을 이루는 요소들이며 어느 것 하나라도 자연이기에 떨어져서도 안 될 것들이다. 사람들에게는 삶의 터이기에 살아가며 기도하고, 빌며 의지하는 곳이 자연이며 삼재임을 알아야겠다.

하늘을 이루는 천재는 화수목금토(하늘이 열린 순서)이니 1화, 2수, 3목, 4금, 5토의 수이다.

불은 위로 오르려는 성질이 있다. 그러므로 천수에서 제1은 火(화)가 된다. 우주의 생성도 부딪혀 터질 때의 화기로부터 출발을 하였으며, 더운 기운은 수증기 만들고 더운 곳으로는 물 기운이 몰리므로 불 다음에는 물이 형성되었으며, 형성되어진 물은 나무를 생성시켜 자라게 하므로 나무가 자라는 여건을 만들었기에 물의 다음 순서는 나무일 것이고, 나무가 쌓이고 용암이 녹아 흐르다 굳어져서 단단한 성질의 돌로 변하는데 그것을 단단한 금이라 하였고, 탄소가 금강석이 되는 것과 같은 이치이리라. 아무리 단단해도 자연의 풍화작용에 의해서 부스러져 가루를 만들어가며 대지를 덮으니 결국은 흙이 되는 것이 자연의 이치이리라. 하늘이 열리고 땅이 굳어졌으니 땅이 열린 순서를 보면 하늘의 생성과는 반대이며 地才(지재)는 1토, 2금, 3목, 4수, 5화의 순이다.

하늘이 열리고 땅이 굳어져 공간이 형성이 되어 생명들이 자리를 잡게 되니 人才(인재), 즉 사람의 수는 생명이 음양의 착상에 의하여 생겨나는 순서를 말함이니 그 순서는 태아의 생성 순서를 보면 알 수가 있으리라. 1수, 2화, 3목, 4금, 5토이다.

부모의 정자와 난자(물)가, 기와 열을 받아서 착상하여 자라고(나무). 뼈(금)가 생기고 피부(토)가 생기게 되니 태아는 5개월이 되면 생명을 갖추게 되는 것이다. 6개월~10개월까지는 부모의 성격, 인격 등을 받아들여 저장하는 시기이다.

1부터 5까지는 생수로 생명의 틀이 만들어지며, 1이 자라면 6이 되고, 2가 자라면 7이 되고, 3은 8, 4는 9, 5는 10이 된다. 따라서 6부터 10까지는 자란다는 의미의 성수이다. 따라서 수는 생수와 성수로 구분한다. 태아의 경우는 1~5까지는 눈코입귀 등 모든 기관이 형성되는 시기이고, 6~10개월의 사이는 태아가 성숙하게 자라는 시기이다.

(2) 삼재 생성순서의 수

천재 (天才)	화	수	목	금	토
	1	2	3	4	5
지재 (地才)	토	금	목	수	화
	1	2	3	4	5
인재 (人材)	수	화	목	금	토
	1	2	3	4	5

(3) 삼재의 구성

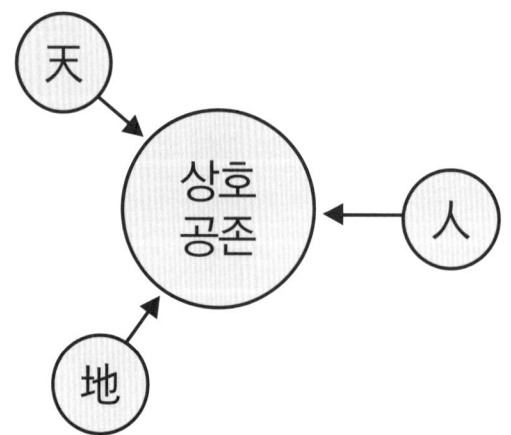

6 습(합)과 충

(1) 하늘의 합

　천지만물은 어느 것도 조화를 이루며 어우러져 있다. 음과 양이 일하며 조화를 이루는 것이며 서로 끌리는 힘이 생기고 좋아하는 힘이 생겨 천지물들은 서로가 자연이 합을 이룬다. 천간인 하늘도 음양이 일을 하며 합을 만든다. 하늘, 즉 천간의 합은 갑기합, 을경합, 병신합, 정임합, 무계합이 있다.
　음과 양이 일하며 조화를 이루니 씨가 씨를 만들고 좋은 종을 만들어내며 化(화)하여 합을 이룬다. 갑기가 합하여 土(토)를 만들고, 을경이 합하여 金(금)을 만들고, 병신이 합하여 水(수)를 만들고, 정임이 합하여 木(목)을 만들며, 무계가 합을 이루어 火(화)를 만들며 조화를 이룬다.
　합을 이루면 서로가 조화를 이루는 것이나 합이 되어도 합하지 못함만 못한 합도 있다.
　갑기의 합이 기갑의 합을 이루거나, 을경합이 경을합이거나, 병신합이 신병합이거나, 정임합이 임정합이거나, 무계합이 계무합을 이룰 때에는 정상의 도가 넘친 합이며, 정상의 합이 아니며, 복잡해지고 번다해진다.
　땅인 지지에서도 합이 이루어지니 삼합, 반합, 방합, 육합, 계절합 등이 있으나 특성상 선택의 합이며, 천간인 하늘처럼 결정의 합이 아니므로 힘이 약할 수밖에 없으며, 지지의 합은 선택의 합이라 하겠다. 합이란 때에 바람(風)이며, 熱(열)이며, 濕(습)이며, 빛(光)이다.

〈천간의 합〉

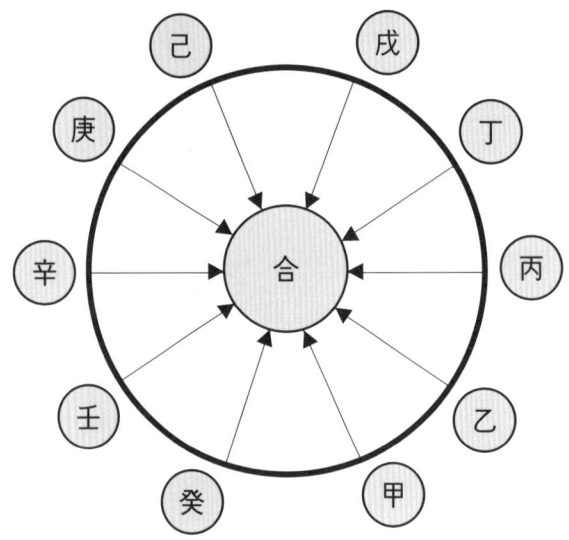

(2) 암수의 결정

암수의 구분은 하늘인 天才(천재)의 고유영역이며 合(합)에 의해서 결정된다.

甲(갑)의 수놈과 己(기)의 암놈이, 乙(을)의 암놈과 庚(경)의 수놈이, 丙(병)의 암놈과 辛(신)의 수놈이, 丁(정)의 수놈과 壬(임)의 암놈이 합을 이루어 암수를 결정짓는다. 그러나 戊(무)의 수놈과 癸(계)의 수놈도 합은 이루나 어찌 수놈끼리의 합을 합으로 볼 수 있겠는가. 합이란 암수와 음양의 情(정)으로 이루어지는 조화임을 안다면 애초부터 무와 계는 정이 없이 만나서 합을 이루는 것이니 이놈들은 만나면 암놈이든 수놈이든 야합하고, 투기하고, 이기적이고, 계산적이고, 투쟁을 일삼으니 무와 계의 짓거리를 잘 살펴야 한다.

합은 좋아하고 은애하는 마음이 있어 사랑하는 것이요, 정으로 이루어지는 것이다. 갑의 총각이 이웃의 여인과 서로 그냥 좋아 합을 이루고, 을의 처녀가 경의 힘(재력, 권력)있는 아저씨가 그냥 좋아 합을 이루고, 병의 처녀가 신의 멋있고 잘생긴 아저씨가 좋아 서로 합을 이루고, 정의 장정이 임의 안방마님과 눈이 맞아 고독한 마님도 그냥 좋아 합을 이루는데 무의 아저씨와 계의 나이든 노파와의 합은 좋아서 이루는 합이 아니라

정 없이 서로가 어떤 목적을 이루기 위하여 합하여 만들어내는 것도 火(화)이니 머리통이 뜨겁고 열 받고 스트레스가 쌓이는 합임을 알 수가 있다.

癸(계)는 암수로 보면 암놈이나 나이 먹은 암놈이 짓거리가 수놈의 짓거리를 하여 수놈으로 간주한다.

(3) 암수조견표

〈암수자웅조견표〉

간지	갑자	을축	병인	정묘	무진	기사
자웅	수	암	암	수	수	암
간지	경오	신미	임신	계유	갑술	을해
자웅	수	수	암	수	수	암
간지	병자	정축	무인	기묘	경진	신사
자웅	암	수	수	암	수	수
간지	임오	계미	갑신	을유	병술	정해
자웅	암	수	수	암	암	수
간지	무자	기축	경인	신묘	임진	계사
자웅	수	암	수	수	암	수
간지	갑오	을미	병신	정유	무술	기해
자웅	수	암	암	수	수	암
간지	경자	신축	임인	계묘	갑진	을사
자웅	수	수	암	수	수	암
간지	병오	정미	무신	기유	경술	신해
자웅	암	수	수	암	수	수
간지	무오	기미	경신	신유	임술	계해
자웅	수	암	수	수	암	수

(4) 천간과 지지의 衝(충)

충이란 서로 대립하는 것이 부딪히는 것으로 천간이나 지지도 서로 마주보는 곳의 자리와 충을 이룬다. 어느 한쪽은 손실과 상처를 받게 되는 것이나 부딪혀 깨지고 다치는 것은 자연이 하는 일이며, 자연이 생기는 일임을 안다면 충이나 부딪히는 일들을 손실이나 손해로만 받아들여서는 안 될 일이니 충돌을 하고나서 새로운 기운이 생기고 化(화)함이 있음이리라. 충이란 극하는 것이니 물이 불과 충돌하여 불이 꺼질 것으로만 아는데 작은 물이 크고 센 불을 이길 수가 없을 것이니 자연의 충은 부딪혀 화하여 새로운 것을 만들어가는 질서임을 알아야겠다.

〈천간의 충 극도〉

甲	乙	丙	丁	戊	己	庚	辛	壬	癸
庚	辛	壬	癸	甲	乙	丙	丁	戊	己
충	충	충	충	극	극	극	극	극	극

〈지지의 충〉

子	丑	寅	卯	辰	巳	午	未	申	酉	戌	亥
午	未	申	酉	戌	亥	子	丑	寅	卯	辰	巳

(5) 계절의 財産(재산)

천지만물은 자연에 순응하며 남길 것 없는 생을 영위하나, 유독 사람만은 재물을 일구는 생활을 하며 후대에 財(재)를 많든 적든 남기고 간다. 살아가려면 의식주가 필요한 것은 당연하다. 사람들의 사회는 고대의 사회나, 현세의 사회나, 사람이 살아가기 위해서는 먹어야 살아갈 수 있고 생을 이어나갈 것이다. 먹는 것이나 재화가 중요한 것이 아니던가. 먹고사는 것은 일체가 땅에서 생산되는 것이고 땅에서 나는 모든 것들이 財貨(재화)를 이루는 것임을 안다면 천간의 순서를 정함에 있어서도 木(목)갑을 火(화)병정 다음에 戊(무)와 己(기)의 토를 중앙의 자리에 배속을 하고, 金(금)경신 水(수)임계를 두었으며, 지지를 정함에 있어서도 각 계절이 일을 하고 그 계절마다 결실을 후미에 토(재화)배속을 한 것도 일리가 있으며, 그만큼 하늘이나, 땅이나 사람들에게 財(재)가 매우 중요하고 대접해 주어야 한다는 뜻을 담고 있다고 하겠다. 辰(진)未(미)戌(술)丑(축)이 토이며 봄에 농사를 지어 진토의 財(재)를 만들고, 여름에 농사를 지어 미토의 財(재)를 만들고, 가을에 농사를 거두어들여서 술토의 財(재)를 만들고, 겨울의 농사도 축토가 재산을 만들어 감을 알 수가 있으리라.

　太歲(태세) : 육십갑자 중의 그 당년의 해를 말함

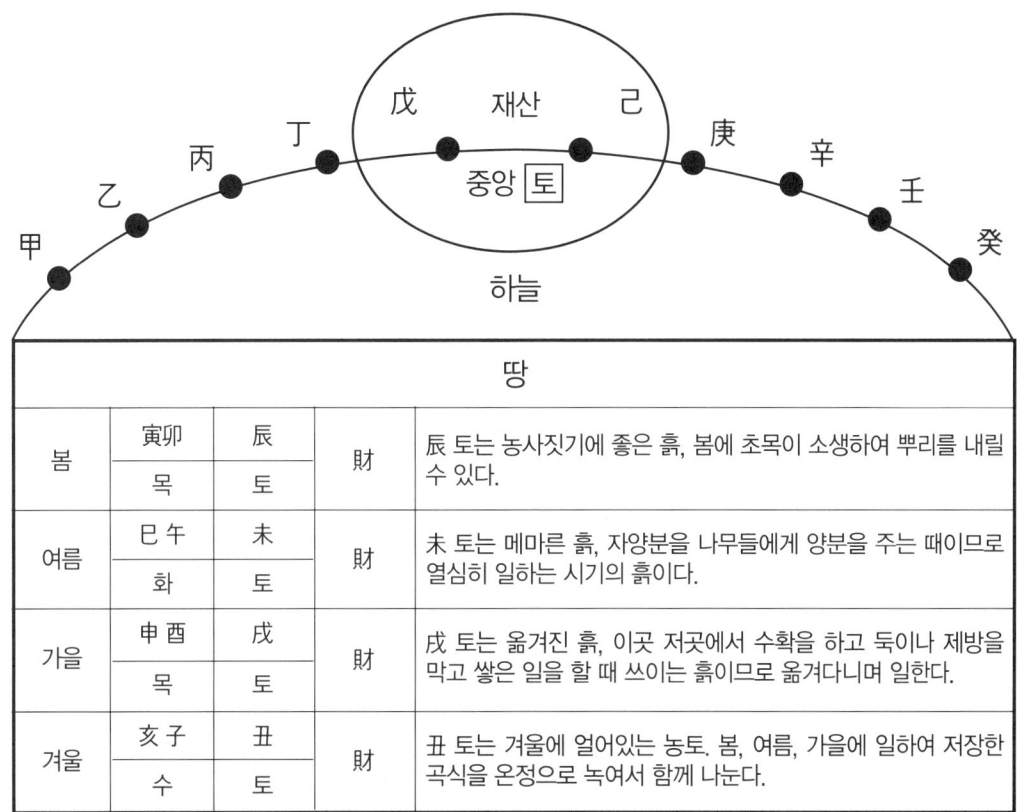

(6) 토는 본이며 재산이다

천지만물은 토가 없으면 生(생)하지 못하고, 克(극)하지 못하며, 자라거나 키울 수가 없으며, 物(물)을 이룰 수가 없다.

수가 목을 생하려하나, 토기가 없으면 물이 넘쳐 나무는 뿌리를 내리지 못하여 뜰 것이다.

목이 화를 생하려하나, 토기가 없으면 화기의 바람이 극에 달하여 화가 자멸하여 불

생한다.

　화가 토를 생하려하나, 토기가 없으면 불이 극렬하여 토는 재가 되어 생하지 못한다.

　금이 수를 생하려하나, 토기가 없으면 금기가 강하여 물이 고갈되며 생하지 못한다.

　수가 克(극)할 시에 토기가 없으면 수세가 태왕하고 화가 자멸하여 극할 수가 없다.

　화가 금을 극할 시에 토기가 없으면 화기가 태왕하여 금이 소진되어 극할 수가 없다.

　목이 토를 극할 시에 토기가 없으면 목기가 태왕하여 토가 붕괴되어 극할 수기 없다.

　금이 목을 극할 시에 토기가 없으면 금기가 태왕하여 목은 바스러져서 극할 수가 없다.

　천지만물은 오행왕상휴수 상생상극으로 형성되며, 본인 토가 없으면 한 물건도 成(성)할 수가 없으니 토는 본이요, 用(용)은 금목수화이다.

　대지에 토는 불변이요, 용인 금목수화는 늘 變(변)하고 化(화)한다.

　토는 본이며 재화이다.

(7) 천간의 나이

　천지에 존재물들은 모두 나이가 있다. 하늘의 별들도 나이가 있어서 그 나이만큼 일을 하고 있으며, 天干(천간)이 하늘에 떠있는 별의 움직임을 알아 정하였으니 어찌 나이를 무시할 수가 있겠는가. 목이 화를 생하고, 화가 토를 생하고, 토가 금을 생하고, 금이 수를 생하는 것은 자연의 법칙이며 세상만물이 成物(성물)되는 순서이니 천간의 갑, 을, 병, 정, 무, 기, 경, 신, 임, 계가 나이의 순으로 조합되어 있는 것을 알 수가 있겠다.

　甲(갑)은 한 살이요, 乙(을)은 두 살이요, 丙(병)은 세 살이요, 丁(정)은 네 살이요, 戊(무)는 다섯 살이요, 己(기)는 여섯 살이며, 庚(경)은 일곱 살이요, 辛(신)은 여덟 살이요, 壬(임)은 아홉이요, 癸(계)는 열 살이 되겠다. 땅의 공각에 붙어 살아가는 만물들은 하늘에서 정하여 행해지는 모든 것에 대하여는 어찌할 수가 없음을 볼 때에 땅에서 이루어지는 행위들은 계절이 일을 하고, 익히고, 때를 영위하고, 운용하는 것이다. 천간 형성의 수인 천수를 알고 천간의 나이를 알아 운용하여야 함은 정하여진 것이며, 땅에서는 어찌할 수 없음을 알아야겠다.

⟨천간 나이의 조견표⟩

甲	乙	丙	丁	戊	己	庚	辛	壬	癸
1살	2살	3살	4살	5살	6살	7살	8살	9살	10살

(8) 60갑자와 納音(납음)오행

60갑자란 천간의 첫 글자인 甲(갑)자와 지지의 첫 글자인 子(자)자를 짝으로 하여 甲子(갑자), 乙丑(을축), 丙寅(병인), 丁卯(정묘), 戊辰(무진), 己巳(기사) … 庚申(경신), 辛酉(신유), 壬戌(임술), 癸亥(계해)로 끝을 맺으며 60개의 배합으로 조직이 되는 것을 말한다.

납음오행이란 천간과 지지의 오행을 수리로 전개하면서 앞뒤의 수를 선천수로 하고 6갑오행의 수를 후천수로 하여 실용한 것으로, 6갑의 순수한 오행 외에 천간과 지지의 씨, 즉 종자에 의해서 형성된 오행을 말한다.

선천수와 후천수는 선천의 수는 생수라 하고, 후천의 수는 성수라 한다. 오행의 생수는 1, 2, 3, 4, 5로 태어난 수를 말하고, 성수는 6, 7, 8, 9, 10이며, 1, 6은 수이고, 2, 7은 화이며, 3, 8은 목이고, 4, 9는 금이고, 5, 10은 토이다. 태어난 수가 성숙하게 자라 나타내는 수를 말한다.

納音(납음)오행

갑자을축(해중금) 병인정묘(노중화) 무진기사(대림목) 경오신미(노방토) 임신계유(검봉금)

갑술을해(산두화) 병자정축(간하수) 무인기묘(성두토) 경진신사(백랍금) 임오계미(양류목)

갑신을유(천중수) 병술정해(옥상토) 무자기축(벽력화) 경인신묘(송백목) 임진계사(장류수)

갑오을미(사중금) 병신정유(산하화) 무술기해(평지목) 경자신축(벽상토) 임인계묘(금박금)

갑진을사(복등화) 병오정미(천하수) 무신기유(대역토) 경술신해(차천금) 임자계축(상자목)

갑인을묘(대계수) 병진정사(사중토) 무오기미(천상화) 경신신유(석류목) 임술계해(대해수)

〈納音(납음) 오행〉

해 중 금	갑자 을축	바다 속의 쇠, 인격을 갖추고 심지가 굳다.
노 중 화	병인 정묘	화롯불, 가사에 사용되는 불
대 림 목	무진 기사	다 자란 나무, 집 짓는 재목으로 쓰인다.
노 방 토	경오 신미	길가의 흙, 경작지를 제외한 땅, 택지
검 봉 금	임신 계유	산꼭대기 쇠, 돌, 항상 살피고 돌봐야 한다.
산 두 화	갑술 을해	산의 불, 화전 농사꾼, 발명가
간 하 수	병자 정축	작은 골짜기 샘물, 낙숫물
성 두 토	무인 기묘	성벽의 흙, 국방, 경찰, 공무원, 소방관
백 랍 금	경진 신사	산화철, 특수직 잉크, 오일
양 류 목	임오 계미	부드러운 버드나무, 유아원 초등학교 교사
천 중 수	갑신 을유	샘솟는 물, 전당포, 결혼 알선업
옥 상 토	병술 정해	집 짓는 흙, 목수 건자재, 의류업
벽 력 화	무자 기축	벼락불, 화려함 추구, 인기 연예인
송 백 목	경인 신묘	소나무, 잣나무, 곡식장사, 한의원, 기도원
장 류 수	임진 계사	흐르는 강물, 천문, 변호사, 설득, 계도
사 중 금	갑오 을미	모래 속 흙, 풍류를 즐긴다. 성직자, 교사
산 하 화	병신 정유	사용하는 불, 대장간, 미용, 용접, 주유
평 지 목	무술 기해	주위의 나무, 책방, 저지, 신문사, 출판사, 언론
벽 상 토	경자 신축	벽에 바르는 흙, 과학자 음악가 악기 미술
금 박 금	임인 계묘	꾸미는 쇠, 액세서리, 금속, 숙식, 관광업, 전당
복 등 화	갑진 을사	꺼지지 않는 불, 결백한 성격, 정직
천 하 수	병오 정미	흐르는 물, 판매업, 외교, 물 정수기업
대 역 토	무신 기유	옮긴 흙, 도자기, 기계부품, 농장 건설, 토건
채 천 금	경술 신해	장식용 쇠, 귀금속 제련, 용광로, 컴퓨터
상 자 목	임자 계축	뽕나무, 한의사, 가구점, 금방, 도장
대 계 수	갑인 을묘	골짜기 물, 다양한 모양, 연예인, 코미디언
사 중 토	병진 정사	모래 속의 흙, 꾸미고 찾아 다닌다. 거간꾼
천 상 화	무오 기미	솟는 불, 정치가, 외교관, 기관사, 선장
석 류 목	경신 신유	석류나무, 독성, 비서, 부관, 서비스업
대 해 수	임술 계해	바닷물, 다양한 직업, 노력

(9) 空亡(공망)

하늘인 천간은 열 개이고 땅인 지지는 자리가 열 두 개인데 하늘이 움직이며 땅의 지지와 배합을 하여 운행을 하다가 천간이 한 순을 돌면 지지는 두 자리가 남게 되는데 남는 두 자리를 공망이라 한다. 갑자, 을축, 병인, 정묘, 무진, 기사, 경오, 신미, 임신, 계유로 천간은 한 바퀴 일을 마치나 지지는 술과 해가 남게 되는데 갑자 순에는 술, 해를 공망이라 하였다.

공망이 든다 함은 空(공)하고 亡(망)한다는 것이며, 하던 일을 멈추고 쉬게 된다는 것이다. 그러나 새로운 분야의 일을 시작하게도 되는데 변하고 화하는 전환기이다. 무엇을 함에 항상 할 수가 없는 것이 세상의 이치이고 보면 공망의 시기는 생하고 멸하는 시기이다. 공망이 진술축미의 토와 함께 오는 공망은 재산의 이동이나 손실도 가져 올수 있다는 것이니 때의 계절과 태세의 오행을 잘 살펴야 되겠다.

〈육십갑자 및 태세의 공망 조견표〉

육십갑자 및 태세										공망
갑자	을축	병인	정묘	무진	기사	경오	신미	임신	계유	술해
갑술	을해	병자	정축	무인	기묘	경진	신사	임오	계미	신유
갑신	을유	병술	정해	무자	기축	경인	신묘	임진	계사	오미
갑오	을미	병신	정유	무술	기해	경자	신축	임인	계묘	진사
갑진	을사	병오	정미	무신	기유	경술	신해	임자	계축	인묘
갑인	을묘	병진	정사	무오	기미	경신	신유	임술	계해	자축

7 때와 계절

(1) 생의 계절과 때

　세상만물은 때의 자연에 의해서 變(변)하고 化(화)하는데 변하는 것은 자연의 봄, 여름, 가을, 겨울의 사시에 의해서 끊임없이 순환하면서 변화를 만들어내고 있다.

　자연의 계절과 엮여서 살아가는 사람에게도 나이가 들어 감에 따라서 계절을 달리하는데 태어난 해, 달, 날이 자연의 계절과 함께 엮여 있음을 알아야겠다. 사람들의 계절을 실제의 나이로 보면 봄은 20년, 여름은 21년, 가을은 22년이 된다. 계절의 암수와 오행과 태세의 운기나 오행으로 운세를 보며 태어난 시에 해당하는 겨울은 필요가 없는 것은 아니지만 생을 중심으로 본다면 자연에서는 농사를 지을 수가 없는 계절에 해당하기에 운기나 운세를 감정함에 있어서는 생을 위함이라 굳이 넣을 필요가 없다.

　그러므로 봄, 여름, 가을의 세 계절에 농사를 지어 겨울이라는 창고에 저장을 하였다가 농사를 지을 수 없는 겨울에는 봄, 여름, 가을에 농사지어 저장해둔 곡식을 먹으며 지내야 하는 것이니 겨울은 인생살이로 보면 세 계절에 지은 농사를 저장한 창고라고 하겠다.

　봄이나, 여름이나, 가을이나 주어진 자연의 시간은 같으나 생을 영위하고 자연과 함께 살아가는 인간들에게는 시간을 참작하지 않을 수는 없겠다. 그러나 스스로 일을 할 수가 없는 때임을 알아 봄, 여름, 가을의 때에 일을 정직하게 해야 할 것이다.

　계절의 시기와 기간이 정해지는 것은, 봄은 자라고 크는 시기이며 사람이 태어나 사회인이 되기 위해 함께 살아가는 교육을 받는 시기이니 20세까지가 되겠다. 여름은 21년이니 누구나 땅을 밟고 살아가려면 모태에서 자라는 기간이 있어 태어나면서 한 살을 먹으니 그 기간을 여름의 시간에 넣어 일을 하니 21~41세가 되겠다. 가을의 기간이 22년이 되는 것은 가을의 나이가 되면 누구나 자신들의 씨를 받아 자식을 낳아 키우고 양육하는 때이기 때문이다. 암수의 부부가 함께 자식을 낳아 키우는 것은 자연의 섭리이다. 자손을 위하며 일하는 시기가 가을이며, 가을의 계절이 실제의 나이로는 42~63세가 때가 된다.

인생의 겨울은 63세 이후가 되겠다.

(2) 계절의 운기

계절이란 하늘의 천기와 지기가 변하면서 만들어지며 천간과 지지가 자연의 순환에 의해서 사계절을 만들어 내는 것을 말한다. 사계절은 12달이 엮어서 만들어내고 있으며, 12달은 천간과 지지의 기운이 함께 일을 하며 엮어 내고 있으며, 그 달과 계절을 만들어내며 익히고 있다.

자연의 행위인 계절의 運氣(운기)는 초기, 중기, 정기로 분류하며 子(자) 속에는 천간

〈지장간(支藏干)의 속견표〉

地支 氣	여 기	중 기	본 기
子	壬(10日)		癸(20日)
丑	癸(9日)	辛(3日)	己(18日)
寅	戊(7日)	丙(7日)	甲(16日)
卯	甲(15日)		乙(15日)
辰	乙(9日)	癸(3日)	戊(18日)
巳	戊(5日)	庚(9日)	丙(16日)
午	丙(10日)	己(9日)	丁(11日)
未	丁(9日)	乙(3日)	己(18日)
申	戊(7日)	壬(7일)	庚(16日)
酉	庚(15日)		辛(15日)
戌	辛(9日)	丁(3日)	戊(18日)
亥	戊(7日)	甲(7日)	壬(16日)

※ 월을 30日을 기준함

의 壬(임)과 癸(계)의 기운과 함께하고, 丑(축) 속에는 癸(계)辛(신)己(기)가 함께한다. 寅(인)은 戊(무)丙(병)甲(갑)의 기운이 있고, 卯(묘)는 甲(갑)乙(을)의 기운과 함께한다. 辰(진)은 乙(을)癸(계)戊(무)와 함께하며, 巳(사)는 戊(무)庚(경)丙(병)과 함께하고, 午(오)는 丙(병)己(기)丁(정)의 기운과 함께하고, 未(미)는 丁(정)乙(을)己(기)의 기운과 함께한다. 申(신)은 戊(무)壬(임)庚(경)과 기운과 조화를 이루고, 酉(유)는 庚(경)辛(신)의 기운과 함께한다. 戌(술)은 辛(신)丁(정)戊(무)의 기운과 함께하고, 亥(해)는 戊(무)甲(갑)壬(임)의 기운과 함께 조화를 이루고 있다. 천간의 기운과 지지의 기운이 함께하여 날을 만들고, 달을 만들고, 계절을 만들며, 해를 만들어 가며 조화로 온갖 만물을 숙성시키며 익히고 있다.

(3) 계절과 운세

자연의 순환법칙에 의해서 계절이 오는 것이나, 계절이 가는 것이나, 항상 함이 없이 반복하며 계절이 만들어내는 일들도 언제나처럼 반복이 되어도 변함 속에 변함이 없다. 봄은 봄에 일을 하면서 만물을 소생시키고 자라게 하며, 여름은 만물을 살찌우게 키워내고 익히며, 가을도 제 일을 하며 열매를 익혀서 거두어들이고 저장을 할 것이다. 자연의 계절은 때가 되면 계절이 익어 봄, 여름, 가을, 겨울로 오고간다. 운세도 세월의 흐름 속에서 계절과 태세가 만들어내는 것이며, 각각의 계절들이 태세의 운기에 따라서 움직이는가를 살펴본다면 운세의 흐름도 알 수가 있으리라. 어떤 일도 자연이 만들어내는 것이기에 모자라는 것도 넘치는 것도 자연의 계절이 하는 일임을 알아야 한다. 태과와 불급을 알아서 암수가 하는 짓거리를 잘 헤아려야 할 것이다.

(4) 계절의 특성

사시의 계절을 이루는 것은 月(달)이 만들어 가는데 각각의 계절은 나름의 특성이 있으며 만들어 내는 것을 보아도 확연히 구별이 되기에 달의 특성을 살펴야 하겠다.
봄인 1, 2, 3월은 만물이 대지를 뚫고 힘차게 싹을 틔어 자란다. 어느 곳이랄 것도 없이 산하대지를 가득 채워가며 일을 하는 시기이다. 1, 2, 3월생의 특성은 무슨 일이든 시작함에 강하고, 조급하고, 기다림에 서툴고, 바쁘며, 모양을 그렸다면 모양에만 치중을 하니 이해득실에는 어려움이 있다.

여름인 4, 5, 6월은 신록의 때를 맞이하니 온천지의 산하에 녹음이 짙고 꽃이 개화하여 향기가 진동을 하는 때이다. 4, 5, 6월생은 몸이나 행동으로 하는 일보다는 입으로 한 몫 하는 일이 어울릴 때가 많다. 더운 계절이기에 남을 의식 안 하고 언행에 거침이 없다. 허나 허풍이나 독설도 함께 담고 있음도 유념하여야 한다.

가을인 7, 8, 9월은 오곡이 익어 온 들판에 그동안 애써 익힌 곡식이 넘쳐나는 때이다. 7, 8, 9월생은 여유가 있으며 성격이 느긋하고 먹고 사는 것이나 일상에도 별로 걱정을 안 한다. 모든 것을 풍족함으로 받아들이며 치장을 하거나 모양을 내는 일에 열심일 것이다. 허나 모든 것이 풍족하다 함은 게으름을 만들어냄도 생각을 해봐야겠다.

겨울인 10, 11, 12월은 모든 것들을 거두어 들여서 창고에 쌓아 저장을 한 시기이다. 다음해에 쓰일 종자를 관리 보존하는 때이다. 대지는 얼어 동토의 때이니 10, 11, 12월생의 특성은 부지런하며, 인내하며, 머리의 회전도 빠르며, 행동을 함에도 신중함이 있다. 허나 변절을 하거나 매사에 의심이 많음도 함께함을 알아야겠다.

(5) 三才(삼재)와 운세의 조절

누구나 암수의 껍데기를 걸치고 태어나면서 자신의 씨를 짊어지고 태어난다.
1. 인연, 2. 業(업), 3. 나이(윤회), 4. 병과 세균, 5. 神明(신명), 즉 신령스러움을 짊어지고 태어난다. (설명은 생략한다.)

대자연의 하늘이 열리고 땅이 굳어져서 껍데기에 둥지 틀고 살아가는 인생들은 하늘 높은 줄을 알고 땅의 정직함을 알아 성실히 살아가야 하는 것이다.

세상에 지식이라는 것을 요약하고 요약하면 삼재를 알아간다는 것이며, 그 이상 무엇도 없는 것이다. 세상에는 천지인을 벗어난 어떤 학문도 없으며 그저 아는 것만큼 깜냥으로 도토리 키재며 살아가고 있음을 알아야겠다. 암놈으로 태어났어도 암놈이 아니라 수놈으로 살아가고, 수놈이라도 수놈이 아니라 암놈의 세월과 짓거리로 살아가게 되어 있음은 이미 태어나면서부터 정해져 있으며 짊어지고 나온 대로 살다간다는 것을 알아야 한다. 운세의 조절이란 계절을 알고, 태세의 흐름을 알고, 오행의 기운이 어느 기운으로 흐르는 것을 알아 태과 불급을 조절하는 것을 말한다.

태호복희의 하도낙서의 신통함이 무엇이며 제갈공명의 적벽대전이 뭐가 그리 신통할 것인가? 율곡의 10만 양병설이 임진왜란의 대란을 치루고 나서야 빛을 발하는 것도 다 자연의 근간인 三才(삼재, 하늘과 땅과 사람)를 알면 신통함이 따로 없는 것이다. 누구라도 삼독을 버리고 익히면 天符經(천부경)의 삼재를 알 수가 있을 것이다. 천부경은 천인대도법문이다. 누구도 제대로 해석하는 이가 없으며 멋대로 해석하고들 있다. 아는 것만큼 본다고 하였다. 삼재를 제대로 안다면 능히 천문을 통할 것이며 누구라도 익혀서 많은 이들을 구제하는 일에 사용할 수가 있을 것이다. 천재, 지재, 인재의 삼재 속에 세상 모든 만물의 생명이 함께하고 있음을 알아야겠다. 人才(인재)의 수인 인수를 보면 모든 생명은 물에서 생성이 되는 것이기에 인수는 1수, 2화, 3목, 4금, 5토가 됨을 알 수가 있다. 계절과 태세를 알아 수를 알면 천지의 운기를 조절할 수가 있으리라.

우주만물은 공각 속에서 나고 지며 생은 때를 알아 때에 일을 제대로 하며 제 자리를 지켜내고 있다.

〈지지 형상도〉

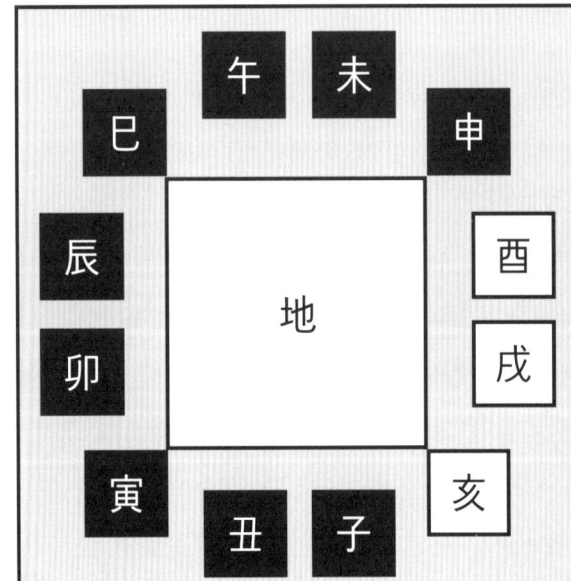

제2장
암수운세법의 활용

1 작성법

(1) 계절과 기둥 세우기

천지의 운행과 함께 자연의 四時(사시)는 춘하추동의 사계절로 이루어져 있으며, 生(생)을 중심으로 본다면 봄, 여름, 가을은 생을 영위하며 경작을 할 수가 있으나 겨울은 지난 계절에 수확한 곡식을 관리하고 오는 해를 준비하는 계절이다. 생을 영위해 나가는 사람들도 봄, 여름, 가을에 농사를 지어 겨울에는 그동안 계절에 지은 곡식으로 살아가는 것이다.

사람들의 삶은 생을 위주로 하기에 천인법륜음양운세법은 봄, 여름, 가을 3柱(주)를 세운다.

태어난 해는 년주가 되고, 태어난 달은 월주가 되며, 태어난 날의 간지는 일주가 된다. 계절로 년은 봄이요, 달은 여름이요, 날은 가을이 된다.

자연의 변화에 인간들은 몸담고 살아가는 것이라 자연의 계절에 태어난 년, 월, 일을 대입하면 된다. 태어난 간지가 년, 월, 일의 기둥이 되며, 만세력을 참조하여 년이나, 달이나, 날의 태세를 세우면 된다.

모든 기둥은 음력이며, 양력만 알고 있을 때에는 만세력을 참조하여 꼭 태세의 기둥은 음력의 干支(간지)로 세운다.

2000년 12월 12일에 태어났다면

	생일	생월	생년
	己(기)	己(기)	庚(경)
	巳(사)	丑(축)	辰(진)
계 절	가을	여름	봄
암 수			
오 행			

1990년 10월 10일 출생하였다면

	생일	생월	생년
	乙(을)	丁(정)	庚(경)
	未(미)	亥(해)	午(오)
계 절	가을	여름	봄
암 수			
오 행	金(금)	土(토)	土(토)

1980년 8월 5일생이면

	생일	생월	생년
	己(기)	乙(을)	庚(경)
	丑(축)	酉(유)	申(신)
계 절	가을	여름	봄
암 수			
오 행	火(화)	水(수)	木(목)

1975년 7월 25일이면

	생일	생월	생년
	己(기)	甲(갑)	乙(을)
	酉(유)	申(신)	卯(묘)
계절	가을	여름	봄
암수			
오행			

위와 같이 태어난 년, 월, 일을 봄, 여름, 가을의 기둥을 세우면 된다.

(2) 절기와 기둥 세우기

천인법륜음양운세법에서는 節氣(절기)가 입절이 되었든 아니 되었든 절기는 상관하지 않는다. 모든 계절의 행위는 입절이 중요한 것이 아니고 해가 하는 일이나, 월이 하는 일이나, 날이 하는 자연의 행위가 더 앞서며 우선하기 때문이다. 태어난 해의 년주를 봄의 첫 자리에 놓고, 태어난 달인 월주는 계절이 여름이니 두 번째 자리에 놓고, 태어난 날의 일주는 계절로서는 가을이기에 셋째 자리에 세우면 된다.

일반적으로는 년을 가를 때에 입춘을 중심으로 가른다. 해가 바뀌어도 입춘이 입절이 안 되었으면 지난해로 치고 해가 안 바뀌었어도 입춘이 입절되었으면 바뀔 해의 간지를 세워서 해를 넘는데, 분명 해를 가를 때에 입춘을 위주로 하지 않으며 월주를 세울 때에도 입절과는 상관없이 년이나 달을 세워야 한다.

2004년 甲申(갑신) 1월 10일생이라면(양력 2004년 1월 31일)

	생일	생월	생년
	己(기)	丙(병)	甲(갑)
	酉(유)	寅(인)	申(신)
계절	가을	여름	봄
암수			
오행	火(화)	水(수)	木(목)

갑신년에 입춘은 양력 2월 4일 20시 51분에 입절하였다. 음력 1월 10일생이면 입절이 안 되어 년주와 월주가 바뀌는 것으로 알 것이나 위와 같이 정리하면 된다.

2004년 甲申(갑신) 윤 2월 20일생(양력 2004년 4월 9일)

	생일	생월	생년
	戊(무)	丁(정)	甲(갑)
	午(오)	卯(묘)	申(신)
계 절	가을	여름	봄
암 수			
오 행	火(화)	火(화)	水(수)

절기를 중심으로 보면 청명절이 지났으니 3월로 월주를 세우겠으나 달의 행위는 이월이므로 甲申(갑신)년, 丁卯(정묘)월, 戊午(무오)일로 기둥을 세우면 된다.

양력으로 1988년 2월 15일은 음력으로는 丁卯(정묘) 12월(계축월) 28일(경자)이 된다.

	생일	생월	생년
	庚(경)	癸(계)	丁(정)
	子(자)	丑(축)	卯(묘)
계 절	가을	여름	봄
암 수			
오 행	火(화)	火(화)	水(수)

1971년 윤 5월 25일(양력 7월 17일)이면

	생일	생월	생년
	癸(계)	甲(갑)	辛(신)
	卯(묘)	午(오)	亥(해)
계 절	가을	여름	봄
암 수			
오 행	金(금)	金(금)	金(금)

절기로 보면 小暑(소서)가 지나서 6월이라고도 하나 달이 5월이라 갑오 월주가 된다.

입절을 고려하지도 말고 그해의 행위와 그달의 행위와 그날의 행위가 항상 우선함을 알아야 하겠다.

(3) 년주, 월주 세우기

胎歲(태세)가 년주를 결정하기에 태세를 년주에 세운다.

월주는 만세력을 참고로 할 것이나 계절이 여름인 사람, 즉 41세 미만의 내방객이라면 년 천간과 합을 이루는 오행을 생하는 오행이 1월의 천간이 되므로 알아둔다면 편리할 것이다.

갑자생 5월이면 갑기합화토가 되는데 토를 생하는 오행인 화가 1월의 천간 자리에 오게 되므로 병인월로 시작을 하여 정묘, 무진, 기사, 경오가 되니 갑자생 5월의 월주(여름)는 경오가 되겠다.

무술생 4월이면 무계합화가 되니 화를 생하는 오행인 목이 1월의 천간에 오므로 갑인, 을묘, 병진, 신사의 순서이기에 월주는 신사월이 되겠다.

을미생 2월이면 을경합 화금이 되므로 금을 생하는 오행인 토가 1월의 천간에 오게 되니 무인 기묘의 순이라 을미생 2월이면 월주는 기묘가 된다.

천간이 병신일 때 합화수가 되어 1월은 경인월로 시작하며 천간이 정임일 때는 합화목이 되므로 1월은 임인월로 시작이 된다.

천간이 정임일 때에는 합화목이 되며, 목을 생하는 오행인 임계로 1월과 2월이 시작하므로 정월은 임인월이며, 2월은 계묘월이 되겠으며, 3월은 갑진, 4월은 을사의 순이 되겠다.

(4) 我身(아신)

때의 계절에 자신의 자리를 말하며 나이에 앉아 있는 자리를 말한다. 아신의 자리는

약 10년마다 天(천)에서 地(지)로, 지에서 천으로 바뀐다. 때에 모든 대소사의 用(용)이 되며, 아신의 오행을 중심으로 운기의 흐름과 상생상극을 살핀다.

예문) 1991년 2월 5일생

	생일	생월	생년
	己(기)	辛(신)	辛(신)
	丑(축)	卯(묘)	未(미)
계 절	가을	여름	봄
암 수	암	수	수
오 행	火(화)	木(목)	土(토)

※ 앞의 사람은 당년에 21세가 안 되었으니 我身(아신)은 태어난 해의 간지인 신미의 년주를 지나서 월주의 신묘의 자리로 이동하고 있으며, 21~30세까지는 월주 천간인 辛(신)금을 중심으로 모든 운과 기와 세를 보면 되겠다. 辛卯(신묘)는 장년의 나이이며, 힘이 센 수컷이다.

예문) 1981년 3월 5일생

	생일	생월	생년
	丁(정)	壬(임)	辛(신)
	巳(사)	辰(진)	酉(유)
계 절	가을	여름	봄
암 수	수	암	수
오 행	土(토)	水(수)	木(목)

※ 앞의 사람은 2011년도 나이가 31세이니 我身(아신)이 월주 천간 壬(임)수에서 월지인 辰(진)토로 아신이 바뀌는 해이다. 辰(진)토를 중심으로 운과 기와 세를 보면 될 것이다. 壬辰(임진)은 나이를 먹은 용이며, 늙어서 생식능력은 없으나 남에게 실수도 하지 않는 암놈의 용이다.

예문) 1971년 4월 5일생

	생일	생월	생년
	甲(갑)	癸(계)	辛(신)
	申(신)	巳(사)	亥(해)
계 절	가 을	여름	봄
암 수	수	수	수
오 행	水(수)	水(수)	金(금)

※ 앞의 사람은 2011년도 나이가 41세이니 아신이 월지 巳(사)화가 되며 사화 중심으로 감정을 하면 될 것이며, 내년이 되면 일주 천간으로 이사를 갈 것이다. 癸巳(계사)의 뱀은 맹독을 지닌 뱀이라 나이를 먹었으며, 투쟁적이고, 지략이 있음을 알아야 하겠다.

예문) 1976년 윤 8월 20일(양력 10월 13일)

	생일	생월	생년
	戊(무)	丁(정)	丙(병)
	戌(술)	酉(유)	辰(진)
계 절	가 을	여름	봄
암 수			
오 행			

※ 절기가 한로를 지났으나 계절의 절기보다는 달의 행위가 더 앞서기에 8월로 월주를 세우고 당년(2011년)에 나이가 36세이니 계절의 자리는 월주가 되며, 아신의 자리는 월주 지지의 酉(유)가 된다.

예문) 1961년 5월 5일생

	생일	생월	생년
	辛(신)	甲(갑)	辛(신)
	巳(사)	午(오)	丑(축)
계 절	가 을	여름	봄
암 수	수	수	수
오 행	火(화)	金(금)	土(토)

※ 당년 2011년도 나이가 51세이니 계절로는 가을이며, 아신이 일주천간 辛(신)금이 되며, 신금을 중심으로 운세나 운기를 살펴보면 될 것이고, 내년(2012년)이 되면 일주의 지지인 巳(사)가 아신이 된다. 辛巳(신사)의 뱀은 뱀 중에서는 가장 강한 독을 지닌 수뱀이며, 힘이 넘치는 뱀임을 알아야 하겠다.

예문) 1951년 6월 5일생

	생일	생월	생년
	己(기)	乙(을)	辛(신)
	酉(유)	未(미)	卯(묘)
계 절	가을	여름	봄
암 수	암	암	수
오 행	土(토)	金(금)	木(목)

※ 앞의 사람은 2011년도 나이가 61세이니 월지 酉(유)금이 아신이니 유금 중심으로 상생상극을 살펴보면 된다. 己酉(기유)의 닭은 닭 중에서는 가장 어른격인 씨암탉이다.

위의 예에서와 같이 실제 나이에 따라 계절이 바뀌고 아신의 자리도 달리하고 있다. 계절이 바뀌면 암수도 달라지는 것을 알아 운이나, 기나, 세를 잘보고 감정을 해야 할 것이다.

운세의 엮임은 계절의 씨줄과 날줄의 암수를 알아서 그 계절의 나이에 해당하는 짓거리와 음양의 짓거리와 태세의 암수오행의 짓거리를 보고 알 수가 있다. 그러므로 운세를 감정함에 있어 시간을 넣지 않음은 계절을 중심으로 보면 겨울에 해당하는 시기이기에, 자연 상태에서는 농사를 지을 수가 없는 계절이기 때문이다.

2 응용과 활용

(1) 암수의 결정

암수는 천간의 합에 의해서 결정이 되며 계절이 행하는 고유의 짓거리는 변경되지 않는다. 남자로 태어났어도 계절이 암놈이면 암놈의 짓거리를 할 것이고, 여자로 태어났어도 계절이 수놈이면 수놈의 짓거리를 할 것이다.

남녀의 성이 바뀌는 것이 아니라 천기의 운행을 말하며, 암수가 바뀜은 행위를 말한다.

19○○년 ○월 ○일생			
	생일	생월	생년
	乙(을)	丙(병)	辛(신)
	丑(축)	申(신)	酉(유)
계 절	가을	여름	봄

남자든 여자든 봄의 계절은 수놈의 계절이라 수놈의 짓거리를 하겠고, 여름에는 암놈의 짓거리를 할 것이고, 가을에는 암놈의 짓거리로 지낼 것이다.

19○○년 ○월 ○일생			
	생일	생월	생년
	戊(무)	丙(병)	丙(병)
	子(자)	申(신)	辰(진)
계 절	가을	여름	봄
암 수	수	암	암
오 행			

남녀의 성별에 관계없이 봄에나 여름에는 암놈의 짓거리로 움직이고, 가을이 되면 수놈의 짓거리로 움직이며 일을 하겠다.

1900년 ○월 ○일생			
	생일	생월	생년
	庚(경)	戊(무)	辛(신)
	寅(인)	戌(술)	丑(축)
계 절	가을	여름	봄
암 수	수	수	수
오 행			

태어난 성별에 관계없이 봄이나, 여름이나, 가을도 수놈의 짓거리를 할 것이다.

1900년 ○월 ○일생			
	생일	생월	생년
	乙(을)	壬(임)	甲(갑)
	未(미)	辰(진)	午(오)
계 절	가을	여름	봄
암 수	암	암	수
오 행			

봄의 계절은 어린 수놈의 말이라 수놈의 행위를 하는 시기이며, 여름이나 가을은 암놈의 계절이기에 암놈의 짓거리를 할 것이다.

(2) 계절의 적용과 응용

살아가며 누구나 관심을 갖는 재물의 운세는 어떻게 알 수 있으며 이성간의 만남이나 어떤 배우자를 만나서 혼인해야 하는가를 고민하게 되는데, 사람이 사람을 만나서 맺어가는 인과의 관계도 사람들이 자연과 함께 살아가는 것이기에 일정한 법이 있고 틀이 있다. 건강이나, 이사문제나, 직업이나, 직장의 문제도 우선 생활하는 터와 자신이 살아오면서 인지 인식한 고유의 색깔은 누구라도 다르기에 취사선택 또한 천태만상으로 다르게 되어 있다.

자연과 함께한다 함은 그 계절이 하는 고유의 짓거리에 자신의 오행과 태세가 엮어내고 지니고 있는 고유의 인식이 어떻게 작용을 하며 운과 기의 흐름이 어떻게 흐르는 것인가에 대해서도 살펴보는 것을 말한다.

봄은 대지에 뿌리를 내리고 자라는 만물을 키우며, 그 시기는 누구라도 자연에서 시키는 일인 종자를 뿌리고 싹을 키워 자라는 일을 하는 시기이다. 여름은 자연을 양육하며 자란 모든 것들을 꽃을 맺게 하여 열매를 맺게 하는 일을 함을 알아야 하리라. 가을은 맺힌 꽃의 열매를 살찌워 가꾸어서 열매를 수확하는 계절이며, 이때쯤이면 사람들은 자신이 스스로 일을 하고, 스스로 일을 찾아 가꾸며 열매를 맺게 하고, 풍부한 결실을 얻으려고 열심을 피우는 것을 보게 되는 때이다.

세상을 살아가는 누구라도 業(업)을 지니고 산다.

농사를 짓는 이는 농부가 되고, 고기 잡는 뱃사람이면 어부가 되고, 장사하는 사람은 상인이 되고, 남을 가르치고, 지도하는 이를 선생이라고 하듯 무슨 업이든 살아서 움직이기에 만들어지고 불리게 되어 있다. 업을 행함에서 장애를 만들거나 스스로 지닌 神明(신명)의 밝음을 모르고 어두운 짓을 하면 業障(업장)을 만드는 것인데 때의 계절에 자신의 일을 알아 日月(일월)의 밝음을 알고 살아야 할 것이다.

(3) 오행의 결정과 이용

태어난 해와 달과 날의 오행을 말하며, 년주, 월주, 일주의 납음오행을 근간으로 한다.

년, 월, 일이 각기 일을 하는 시기와 기간이 정해져 있으며, 각각의 태세도 정해진 대로 일을 하고 있으니 운세의 흐름도 태세가 만들어 감을 알아야 하겠다.

1990년 12월 12일생			
	생일	생월	생년
	丁(정)	己(기)	庚(경)
	酉(유)	丑(축)	午(오)
계 절			
암 수			
오 행	火(화)	火(화)	土(토)

금년의 나이가 20세가 안 되있으니 계절은 봄이다. 년주가 일을 하는 시기라 아신의 자리는 子(자)가 되고 결과의 오행은 토임을 알겠으나, 조상궁의 자리라 자신이 어찌하지 못하는 시기임을 알아야겠다. 그런고로 봄은 씨의 자리임을 말한다.

	1980년 11월 11일생		
	생일	생월	생년
	甲(갑)	戊(무)	庚(경)
	子(자)	子(자)	申(신)
계 절			
암 수			
오 행	金(금)	火(화)	木(목)

당년의 나이가 30세이니 무자의 쥐가 일을 하는 시기이다. 올해가 무자년이니 오행은 같은 화가 되겠다. 아신은 戊(무)이다.
무자의 결실이 벽력화이니 화가 하는 일이나 화를 만들어서 태세와 무엇을 할 것인가를 알아야 하겠다.

	1970년 10월 10일생		
	생일	생월	생년
	壬(임)	丁(정)	庚(경)
	辰(진)	亥(해)	戌(술)
계 절			
암 수			
오 행	水(수)	土(토)	金(금)

금년의 나이가 40세이니 정해의 돼지가 일을 하는 시기이다. 무자년의 쥐가 火(화)를 만들어내니 화생토가 되어 운세의 흐름은 무난하리라. 아신은 亥(해)이다.

	1960년 9월 9일생		
	생일	생월	생년
	己(기)	丙(병)	庚(경)
	丑(축)	戌(술)	子(자)
계 절			
암 수			
오 행	火(화)	土(토)	土(토)

금년의 나이를 보면 50세이니 기축의 火(화)가 일을 하는 시기임을 알 수가 있고, 얼어 있는 흙과 무자의 火(화)가 만나는 시기라 움직임이 많은 해가 될 것이다. 아신은 己(기)이다.

	1973년 9월 25일생		
	생일	생월	생년
	己(기)	壬(임)	癸(계)
	丑(축)	戌(술)	丑(축)
계 절			
암 수			
오 행	火(화)	水(수)	木(목)

태세의 나이가 36세이니 아신의 자리는 술토이다. 오행은 水(수)이며, 운세의 흐름은 태세의 흐름을 살펴보면 알 수가 있으리라.

1985년 2월 23일생			
	생일	생월	생년
	辛(신)	己(기)	乙(을)
	巳(사)	卯(묘)	丑(축)
계 절			
암 수			
오 행	金(금)	土(토)	金(금)

당년의 나이로 기토가 아신의 자리이다. 움직이며 활동하는 오행은 土(토)가 된다.

1955년 5월 5일생			
	생일	생월	생년
	丙(병)	壬(임)	乙(을)
	辰(진)	午(오)	未(미)
계 절			
암 수			
오 행	土(토)	木(목)	金(금)

태세의 나이로 진토가 아신이 되며, 오행은 토가 되겠다.
운세의 흐름이나 모든 일들은 토와 자신의 자리인 진토를 들여다보면 알 수가 있으리라.

1950년 7월 7일생			
	생일	생월	생년
	丁(정)	甲(갑)	庚(경)
	亥(해)	申(신)	寅(인)
계 절			
암 수			
오 행	土(토)	水(수)	木(목)

계절이 가을이며, 아신의 자리는 亥(해)수가 된다. 오행의 흐름이 토에 머물고 있음을 알아 모든 일상의 일들을 알려면 토의 흐름과 태세의 흐름과 오행을 알아봐야 하겠다.

납음오행은 자신의 오행과는 별로 상관이 없을 것 같으나 그 쓰임은 그렇지가 않으며, 세상만물은 과정도 중요하겠지만 결과가 중요하기에 납음은 결과물이라 매우 중요하다.

갑자 을축 해중금하면 甲(갑)의 오행은 목이요, 子(자)는 수이며, 乙(을)은 목이요, 축은 土(토)가 되니 축의 암장에 辛(신)금의 씨가 조금 들어 있는 것 말고는 어디에서도 金(금)의 씨가 없고 갑술 을해 산두화하면 甲(갑)은 목이요, 戌(술)은 토이고, 乙(을)은 목이며, 亥(해)는 수인데 술토의 암장에 들어 있는 조금의 화기 말고는 불기가 없다. 그런데

산꼭대기의 불이라 하니 많은 생각을 하게 만드는데, 자연이 익으며 하는 일들이니 잘 살펴야 하겠다.

경신 신유는 석류목이라 하니 자신이 지닌 오행의 어디에라도 나무의 씨가 있는가? 온통 돌멩이와 쇳조각뿐인데. 허나 석류의 특성을 살펴보면 뭔가를 알 수가 있을 것이기에 석류목이라 하였을 것이니 깊이 헤아려 봐야 할 것이다.

납음오행은 자연이 때에 이르러 만들어지고 익어서 자신의 행위가 오행을 담고 있음을 알 수가 있다.

(4) 我身(아신)의 움직임

아신이란 때와 계절에 자신이 있는 곳을 말하며, 나이 들어가며 계절이 바뀌면서 자신이 앉아있는 곳이 변하게 되는데 때에 따라 바뀌어서 앉아있는 그 자리를 말한다.

자연은 無常(무상)하여 항상 함이 없이 변하는 것이니 한 생명이 태어나 수십 년의 생을 이어나가는 속에 어찌 항상 함을 바랄 수가 있겠는가?

한 생명이 태어나 어미의 탯줄을 끊고 성장하며 소년이 청년이 되고, 어른이 되고, 아저씨가 되고, 나이 들면 할아버지가 되어 감은 자연이듯이 60갑자 오행도 자신이 짊어지고 나온 대로 계절이 가고 나이가 들면 자신의 자리가 변하는 것은 자연의 이치이다.

아신의 자리가 변하면 오행이 변하고, 암수가 변하고, 계절의 나이도 변해가는 것을 알아 때의 운세를 잘 추론하여야 하겠다.

	1900년 0월 0일생		
	생일	생월	생년
	丙(병)	乙(을)	甲(갑)
	寅(인)	亥(해)	午(오)
계절	가을	여름	봄
암수			
오행			

계절로 갑이 일을 하는 시기는 16세까지이며, 오는 20세까지이며, 을은 21세에서 30세까지 일을 하며, 해는 41세까지 일을 하고, 병은 52세까지 일을 하며, 임은 63세까지 일을 한다.

	1900년 0월 0일생			
	생일	생월	생년	
	癸(계)	辛(신)	庚(경)	
	未(미)	巳(사)	辰(진)	
계 절	가을	여름	봄	
암 수				
오 행				

봄인 경진이 계절에 맞게 일을 하고, 여름인 신사도 신은 21세에서 30세까지 일을 하고, 사도 여름이며, 31세에서 41세까지 일을 한다. 가을이 되면 계미가 일을 할 때이며, 계는 42세에서 52세까지이며, 미는 63세까지 일을 한다.

아신이 계절과 나이에 따라 자리를 옮기며 일을 하고 있으나 모든 일들을 아신의 자리에서 해결할 수는 없는 것이다. 계절의 익어 감이나 계절과 태세가 만나서 하는 일이 중요하기에 때에 따라서는 아신을 고려하지 않고 계절을 중심으로 추론을 하고 태세를 중심으로 운세를 추론할 때가 있음도 알아야 하겠다.

(5) 천간동물의 이용

동물은 동물마다 서로가 다른 다양한 특성이 있다. 천간의 동물을 정함에도 다양하고 서로 다른 특성을 지닌 것을 알 수가 있다.

甲(갑)은 여우, 乙(을)은 오소리, 丙(병)은 사슴, 丁(정)은 노루, 戊(무)는 독수리, 己(기)는 가재, 庚(경)은 까치, 辛(신)은 꿩, 壬(임)은 제비, 癸(계)는 박쥐이다(동물의 설명은 생략한다). 하늘과 땅의 공간을 인간들과 함께 공유하는 동물들은 자연히 사람들에게 온갖 것들을 제공하고 있는데 그 동물들의 행동 하나하나가 사람들에게 이익을 주고 있음을 알아야 하며, 동물들의 움직임이 때의 사람들의 움직임과 하나됨을 살펴야 하겠다.

동물마다 지니고 살아가는 특성을 알아 때의 일들을 추론해야 할 것이며, 특성상 하늘에서 정해진 일들을 알기란 어려움이 따를 것이다. 그러나 아는 만큼 보이고 아는 만큼 사용하는 것을 알아야겠다.

(6) 계절의 이동

　태어난 해와 달과 날의 간지가 봄, 여름, 가을을 이루는데 각각의 계절은 자연의 행위를 말하며 자연이 짓거리를 한다는 것이니 봄은 만물을 키우고, 여름은 만물을 무성하게 하며, 가을은 곡식을 익혀서 수확을 하는 것이다.

　봄은 태세의 나이로는 20세까지를 말하며 태어난 해인 년주가 일을 하는 때이다. 년주의 오행이 어떻게 일을 하는지를 알면 봄의 운세를 알 수가 있을 것이다. 자연의 씨앗이 발아되어 싹이 나서 성장하듯 세상을 알아가고 배워가는 시기이며, 장차 이르는 계절에 살아가기 위하여 충분한 자양분을 필요로 하는 시기이다. 봄은 꽃이 만들어지면 일을 마치게 되며, 三才(삼재)의 수에서는 천재의 수가 일을 하는 시기이다.

　여름은 태양이 열기를 머금고 대지의 식물들이나 모든 생물들이 개화를 하여 꽃을 피우는 시기부터 시작을 한다. 태어난 달인 월주가 일을 하는 시기이고 봄의 씨와 월주의 오행이 모든 열매를 꽃피우며 맺게 하는 일을 하는 때임을 알아야 할 것이다.

　만물이 화사하고 번성을 누리며 무성히 자라는 시기이며, 꽃을 피우고 자양분을 꽃에 모으며 성장하고 결실을 준비하는 시기이며, 태세의 21세에서 41세까지의 시기를 말한다.

　이 시기에는 열매가 완숙하게 익을 수 없는 시기임을 안다면 세상에 이름을 내어 출세를 하였다고 하더라도 결코 저장할 수가 없음이니 좋아할 일도 아닌 것을 알아야 하겠다.

　三才(삼재)의 수를 응용한다면 지재의 수가 일을 하는 시기이다.

　가을은 열기를 머금었던 태양이 고도를 낮추면서 곡식을 익게 만드는 때를 말한다. 태어난 일주가 일을 하는 때이고, 봄과 여름의 씨를 갈무리하는 시기이니 잘 가꾸어야 하는 때이기도 하다. 온갖 만물들이 익어서 농부의 수확을 기다리는데, 지난 계절에 수고와 노고를 알 수가 있을 것이다. 그러므로 익으면 익은 대로, 덜 익었다면 덜 익은 대로 수확을 해야 할 것이다. 태세로는 42세에서 63세까지의 시기이니 三才(삼재) 중에서는 인재가 일을 하는 시기이다.

1960년 9월 9일생

	생일	생월	생년
	己(기)	丙(병)	庚(경)
	丑(축)	戌(술)	子(자)
계 절	가을	여름	봄
암 수			
오 행	火(화)	土(토)	土(토)

경자년, 병술월, 기축일생이니 경자의 태어난 해가 봄이고 병술월생이니 태어난 달이 여름이며, 기축일생이니 태어난 날이 가을이다.

1970년 10월 10일생

	생일	생월	생년
	壬(임)	丁(정)	庚(경)
	辰(진)	亥(해)	戌(술)
계 절	가을	여름	봄
암 수			
오 행	水(수)	土(토)	金(금)

경술년, 정해월, 임진일생이니 태어난 해가 봄이므로 년주인 경술이 봄의 일을 할 것이고, 태어난 달이 여름이니 정해가 여름의 일을 할 것이다. 그리고 태어난 날이 계절의 가을이니 임진이 가을의 일을 한다고 보겠다.

1980년 5월 20일생

	생일	생월	생년
	辛(신)	壬(임)	庚(경)
	酉(유)	午(오)	申(신)
계 절	가을	여름	봄
암 수			
오 행	水(수)	土(토)	金(금)

경신년, 임오월, 신유일생이니 태어난 해가 봄이므로 년주인 경신이 봄의 일을 할 것이고, 태어난 달이 여름이니 임오가 여름의 일을 할 것이다. 그리고 태어난 날이 계절의 가을이니 신유가 가을의 일을 한다고 보겠다.
계절이 바뀌며 오행을 달리하기에 계절이 변하는 것을 알아야겠다.

1990년 5월 20일생

	생일	생월	생년
	戊(무)	壬(임)	庚(경)
	寅(인)	午(오)	午(오)
계 절	가을	여름	봄
암 수	수	암	수
오 행	水(수)	土(토)	金(금)

경오년, 임오월, 무인일생이니 태어난 해가 봄이므로 년주인 경오가 봄에 일을 할 것이고, 태어난 달이 여름이니 임오가 여름의 일을 할 것이다. 그리고 태어난 날이 계절의 가을이니 무인은 가을에 일을 할 것이다.

	2000년 1월 11일생			
	생일	생월	생년	경진년, 무인월, 계묘일생이니 태어난 해가 봄이
	癸(계)	戊(무)	庚(경)	므로 년주인 경진이 봄에 일을 할 것이고 태어난
				달이 여름이니 무인이 여름에 일을 할 것이다. 그
	卯(묘)	寅(인)	辰(진)	리고 태어난 날이 계절의 가을이니 계묘가 가을
계 절	가을	여름	봄	에 일을 한다.
암 수				
오 행	水(수)	土(토)	金(금)	

(7) 천간의 행위

누누이 역설을 하여도 모자람이 남는 것은 하늘과 땅의 관계를 밝히는 것인데 하늘이 하는 일은 결정을 짓고 행하는 것이며, 땅에서는 보살피고 가꾸는 일이다.

천간의 갑, 을, 병, 정, 무, 기, 경, 신, 임, 계는 정하여져서 지니고 태어난 것만큼 일을 하고, 나이가 주는 것만큼 일을 한다는 것이다.

때의 변함은 천간과 지지가 바뀌고 태세가 바뀌며, 서로의 나이나 암수가 하는 짓이 다르다. 세상만물은 때를 만나면 때에 따라 항상 변하는 것을 안다면 무엇이 좋고 나쁨도 없으며, 줄어들고 늘어남도 없는 것이니 제 계절과 때의 하는 짓거리를 세심히 살펴봐야 하겠다.

어느 곳에서는 가뭄이 들어 걱정이고, 어느 곳에서는 태풍이 비를 몰고 와서 물이 넘치는 것도 땅인 지구에서는 닥친 일이라 어려움이라 하겠지만, 하늘에서는 평등한 일이고 차별이 없는 일인 것이다.

(8) 천간 나이의 작용

천간의 나이는 태어나면서 짊어지고 나오는 것이니 갑 1살, 을 2살, 병 3살, 정 4살, 무 5살, 기 6살, 경 7살, 신 8살, 임 9살, 계 10살이 되며 천간은 나이의 순이다.

지지의 동물들은 천간의 순서에 의해서 나이가 정해지고 나이가 많으면 나이를 먹은 만큼 일(행동)을 할 것이고, 나이가 어리면 어린 대로의 짓거리를 할 것이다.

子(자) : 쥐를 보면 60갑자에는 甲子(갑자), 丙子(병자), 戊子(무자), 庚子(경자), 壬子(임자)의 다섯 종류의 쥐가 있으며, 이들이 쥐들의 세상을 이루고 있다.

갑자는 어린 수놈의 쥐이며, 병자는 임신이 가능한 처녀의 쥐이며, 무자는 힘자랑을 하는 성년의 쥐이며, 경자는 잘생긴 아저씨와 같은 쥐이며, 임자는 나이를 먹은 암놈의 쥐를 말하는데 이들이 쥐들의 세상을 이루고 있음을 알아야겠다.

丑(축) : 소를 보면 60갑자 속에서는 소도 乙丑(을축), 丁丑(정축), 己丑(기축), 辛丑(신축), 癸丑(계축)의 다섯 마리가 소의 세상을 이루고 있다.

을축은 어린 처녀의 소이고, 정축은 청년의 힘이 있는 수소이며, 기축은 자녀를 낳아 키울 수 있는 암소이고, 신축은 힘도 있고 멋도 있는 장년의 수소이고, 계축은 수놈이나 생식능력이 없는 늙은 소이다.

寅(인) : 호랑이를 보면 갑인, 병인, 무인, 경인, 임인의 다섯 마리가 범의 세계를 이루고 있다.

나머지 지지의 동물들도 나이를 보려면 쥐와 소의 예를 살펴보면 알 수가 있으리라.

서로의 관계는 천간의 나이가 우선이 되고 각 계절의 나이를 보면 상호간의 하는 일을 알 수가 있다. 나이가 더 먹은 사람이 일을 더 많이 하게 되어 있고, 나이가 적고 어린 사람은 일을 하여도 힘이 드는 일은 못할 것이고, 나이가 더 먹은 사람이나 어른의 보호를 받으며 하고자 하는 일을 어리기 때문에 못하는 때가 많을 것이니 부부의 경우에 서로의 나이관계를 세밀히 살펴봐야 하겠다.

1900년 O월 O일생			
나이	생일	생월	생년
	辛(신)	庚(경)	戊(무)
20살	8살	7살	5살
계 절	가을	여름	봄
암 수			
오 행			

천간이 무, 경, 신생이다. 무는 5살, 경은 7살, 신은 8살이 되니 봄, 여름, 가을에 자신의 나이만큼 일을 할 것이다.

19○○년 ○월 ○일생			
나이	생일	생월	생년
	丁(정)	戊(무)	乙(을)
11살	4살	5살	2살
계 절	가을	여름	봄
암 수			
오 행			

을생이 무월, 정날에 태어났으니 2살, 5살, 4살, 합이 11살이다.
자연의 계절을 맞아 자신이 짊어지고 나온 11살만큼 일을 할 것이다.

19○○년 ○월 ○일생			
나이	생일	생월	생년
	癸(계)	戊(무)	甲(갑)
16살	10살	5살	1살
계 절	가을	여름	봄
암 수			
오 행			

태어난 해인 갑은 한 살이요, 태어난 달의 무는 5살이고, 태어난 날의 계는 열 살이 되니 계절을 지내며 16살만큼의 일을 할 것이다.

19○○년 ○월 ○일생			
	생일	생월	생년
	辛(신)	庚(경)	乙(을)
11살	8살	7살	2살
계 절	가을	여름	봄
암 수			
오 행			

을생이 무월, 정날에 태어났으니 2살, 7살, 8살, 합이 17살이다.
자연의 계절을 맞아 일을 자신이 짊어지고 나온 17살만큼 일을 할 것이다.

(9) 천간의 상호작용

삶을 이어가며 암수가 짝이 되어 살아가면서 팔만 사천 가지의 일들을 만들어내며, 일희일비하며 지내게 되는 것도 결정된 일을 그 계절에 하는 것이다. 그러므로 서로가 짚어지고 나온 천간의 나이가 일하고 있음을 알 수가 있다.

누구라도 천간이 지니고 나온 만큼 일을 하게 되어 있으며, 천간의 나이가 때의 관계를 결정지음도 알아야겠다.

서로가 처음 만날 때의 마음으로 변치 않고 살아가면 얼마나 좋겠는가마는 어디 세월이 사람을 그냥 놔두나. 때에 따라 변하고 세월 따라 변하며 살아가게 되어 있는 것은 태어나면서 짚어지고 나온 천간의 나이 때문인 것을 알아야겠다.

배우자와의 관계를 살펴보면,

1900년 0월 0일생 남자					1900년 0월 0일생 여자			
나이	생일	생월	생년		나이	생일	생월	생년
	丁(정)	己(기)	辛(신)			庚(경)	丁(정)	丙(병)
18살	4살	6살	8살		14살	7살	4살	3살
계절	가을	여름	봄		계절	가을	여름	봄
암수					암수			
오행					오행			

※ 앞의 부부를 예로 보자면 천수가 많은 남자의 역할이 가정에서 주도적이겠으나, 부인이 가을의 나이에 들면 남자의 역할은 쇠해지며 부인의 역할이나 행동이 활발해지리라.

1900년 0월 0일생 남자					1900년 0월 0일생 여자			
나이	생일	생월	생년		나이	생일	생월	생년
	庚(경)	己(기)	甲(갑)			乙(을)	丁(정)	丙(병)
14살	7살	6살	1살		9살	2살	4살	3살
계절	가을	여름	봄		계절	가을	여름	봄

※ 앞의 부부는 천간의 나이와 계절이 남자가 나이를 더 먹은 만큼, 항상 가정에서 주도적인 역할을 할 것이다.

19○○년 ○월 ○일생			남자		19○○년 ○월 ○일생			여자
나이	생일	생월	생년		나이	생일	생월	생년
	丁(정)	乙(을)	辛(신)			庚(경)	戊(무)	癸(계)
14살	4살	2살	8살		23살	7살	5살	10살
계 절	가을	여름	봄		계 절	가을	여름	봄

※ 앞의 예는 부부가 만나면서부터 부인의 역할이나 행동의 모든 것이 부인이 나이가 많은 만큼 일을 많이 하고 있으며, 모든 생활의 결정은 부인이 할 것이다.

19○○년 ○월 ○일생			남자		19○○년 ○월 ○일생			여자
나이	생일	생월	생년		나이	생일	생월	생년
	癸(계)	己(기)	丙(병)			己(기)	丁(정)	壬(임)
19살	10살	6살	3살		19살	6살	4살	9살
계 절	가을	여름	봄		계 절	가을	여름	봄

※ 앞의 부부가 천수의 나이는 같으나 봄의 나이보다는 실제에 일을 함에 있어서는 여름이나 가을의 나이가 비중이 높다. 따라서 일을 하는 시기로 보면 남자가 때의 계절의 나이가 더 먹어서 천간의 나이는 같으나, 가정에서의 역할이나 결정권은 남자가 좌우한다고 보겠다.

19○○년 ○월 ○일생			남자		19○○년 ○월 ○일생			여자
나이	생일	생월	생년		나이	생일	생월	생년
	辛(신)	己(기)	戊(무)			癸(계)	壬(임)	戊(무)
19살	8살	6살	5살		24살	10살	9살	5살
계 절	가을	여름	봄		계 절	가을	여름	봄
암 수					암 수			
오 행					오 행			

※ 앞의 부부의 나이로만 보면 여자가 더 먹은 나이만큼 일을 더 할 것이나, 남자의 나이도 5살, 6살, 8살의 순으로 점차 익었음을 알 수가 있다. 여자도 5살, 9살, 10살로 계절의 나이가 올라가며 점차 익어 감을 알 수가 있다. 이럴 때에는 나이가 많고 적음이 아니라 각기 익어 가기에 서로가 활발히 생활을 하고 있음을 알아야겠다.

19○○년 ○월 ○일생 남자					19○○년 ○월 ○일생 여자			
나이	생일	생월	생년		나이	생일	생월	생년
	辛(신)	戊(무)	甲(갑)			癸(계)	庚(경)	戊(무)
14살	8살	5살	1살		23살	10살	7살	5살
계절	가을	여름	봄		계절	가을	여름	봄

※ 앞의 부부 중 남자는 14세, 여자는 23세이다. 나이가 많은 만큼 여자가 일을 많이 할 것이나 남자의 나이도 때에 익어 가는 것(1살, 5살, 8살)을 알 수가 있다. 익은 것만큼 남자의 역할도 활발하다.

(10) 나이와 오행의 상생

세상을 살아감은 내가 있기에 상대가 존재하며 상대가 존재하기에 내가 존재하는 것이다. 아무리 귀하고 값진 물건이라도 알아주는 이가 없으면 어디에 내놓고 자랑할 수가 있을까? 함께 살아가는 부부도 서로가 지니고 나온 천수만큼의 일을 하고 있으며 때의 오행이 하는 짓거리에 따라서 부부의 관계가 정해지는 것이다. 나이만큼이나 오행의 짓거리가 중요하다고 하겠다.

누가 누구를 만나서 사느냐에 따라서 행태가 달라지고 남에게 보여지는 것이 달라짐을 안다면 자신이 감당할 만해야 무엇이든 지니고 거느리게 되어 있음을 알아야 하지 않겠나?

19○○년 ○월 ○일생 남자					19○○년 ○월 ○일생 여자			
나이	생일	생월	생년		나이	생일	생월	생년
	丁(정)	丁(정)	己(기)			庚(경)	己(기)	戊(무)
14살	2살	4살	6살		18살	7살	6살	5살
	酉(유)	卯(묘)	亥(해)			戌(술)	未(미)	戌(술)
계절	가을	여름	봄		계절	가을	여름	봄
암수					암수			
오행	金(금)	火(화)	木(목)		오행	金(금)	火(화)	木(목)

※ 남자의 나이가 14살이고 여자의 나이가 18살이기에 여자의 역할이 더 활발함을 알 수가 있겠고, 계절의 여름이나, 가을이나, 오행이 함께하기에 생활을 함에 있어서 부부의 관계가 원만하리라.

1900년 ○월 ○일생			남자		1900년 ○월 ○일생			여자
나이	생일	생월	생년		나이	생일	생월	생년
	癸(계)	丁(정)	乙(을)			壬(임)	辛(신)	戊(무)
16살	10살	4살	2살		22살	9살	8살	5살
	酉(유)	亥(해)	巳(사)			午(오)	酉(유)	申(신)
계 절	가을	여름	봄		계 절	가을	여름	봄
암 수					암 수			
오 행	金(금)	土(토)	火(화)		오 행	木(목)	金(금)	土(토)

※ 여자가 지니고 나온 천수의 나이가 월등히 많으나, 오행의 배합이 서로 어긋나 있어서 여자의 활동이 많다. 그리고 내조를 잘 하고는 있으나, 남자가 이해를 하지 못하여 많은 갈등을 겪으며 살아갈 것이다.

1900년 ○월 ○일생			남자		1900년 ○월 ○일생			여자
나이	생일	생월	생년		나이	생일	생월	생년
	辛(신)	丁(정)	己(기)			壬(임)	辛(신)	庚(경)
18살	8살	4살	6살		24살	9살	8살	7살
	丑(축)	卯(묘)	酉(유)			辰(진)	巳(사)	戌(술)
계 절	가을	여름	봄		계 절	가을	여름	봄
암 수					암 수			
오 행	土(토)	火(화)	土(토)		오 행	水(수)	金(금)	金(금)

※ 두 부부가 지닌 천수의 나이가 많은 편이라 나이만큼 할 일이 많을 것이고, 여인이 활동을 많이 하며 내조를 잘하는데 일하는 것만큼 알아주지 않아 속앓이를 할 것이다. 오행이 서로 어울리기를 싫어하는 상이라 여인은 일을 많이 하고 가정에 충실하겠으나, 남자가 자신을 내세우니 안타깝다고 하겠다.

1900년 ○월 ○일생			남자		1900년 ○월 ○일생			여자
나이	생일	생월	생년		나이	생일	생월	생년
	己(기)	丁(정)	己(기)			庚(경)	丁(정)	戊(무)
16살	6살	4살	6살		16살	7살	4살	5살
	亥(해)	卯(묘)	亥(해)			戌(술)	巳(사)	戌(술)
계 절	가을	여름	봄		계 절	가을	여름	봄
암 수					암 수			
오 행	木(목)	火(화)	木(목)		오 행	金(금)	火(화)	木(목)

※ 천수의 나이는 서로 같으나 나이가 일을 하는 계절을 들여다보면 가을에 부인과 1살 차이이다. 오행이 다르기에 서로의 마음고생이 심할 것이다.

1900년 0월 0일생 남자				1900년 0월 0일생 여자			
나이	생일	생월	생년	나이	생일	생월	생년
	乙(을)	庚(경)	丙(병)		戊(무)	乙(을)	丁(정)
12살	2살	7살	3	11살	5살	2살	4살
	卯(묘)	子(자)	午(오)		子(자)	巳(사)	未(미)
계 절	가을	여름	봄	계 절	가을	여름	봄
암 수				암 수			
오 행	水(수)	土(토)	水(수)	오 행	火(화)	火(화)	水(수)

※ 앞의 부부도 여름의 계절은 서로가 큰 충돌이 없겠으나 가을에 들어서면 서로의 나이도 차이가 나며 오행의 짓거리도 다르기 때문에 어린 을이 중심을 잡지 못하여 서로 힘든 세월을 살아가겠다.

(11) 계절과 나이의 오르내림

태어나는 것을 누가 정할 수가 있나? 그러기에 짊어지고 나오는 천수의 나이를 어찌하지 못함을 안다면 좋은 것도 나쁜 것도 아님을 알아야 하겠고, 천수의 나이가 오르내림도 자연의 짓임을 알아야 하겠다. 오르고 내림에 일정한 틀이 없기에 누구나 다를 것이나, 천수의 나이에 의해서 세상을 살아가는 움직임이 다름을 알아야겠다.

계절이 바뀌면서 나이도 바뀌는데 적은 나이에서 많은 나이로도 가고 많은 나이에서 적은 나이로도 갈 것이나, 때의 일이기에 무엇이 '좋다, 나쁘다' 라고 단정하는 것은 부적절한 일이다.

자연의 계절은 봄이 익어 여름을 만들고, 여름이 익어 가을을 만들며, 가을이 익어가서 겨울을 만들어 만물을 수장하듯이 계절이 익어 간다. 이는 천수가 익어 감을 알기에 갑, 을, 병, 정이 1살, 2살, 3살, 4살로 익어가서 경, 신, 임계의 7살, 8살, 9살, 10살로 익어 가는 것을 제대로 아는 것이 우선 중요하다.

1900년 ○월 ○일생			남자		1900년 ○월 ○일생			여자
	辛(신)	己(기)	戊(무)			癸(계)	壬(임)	戊(무)
19살	8살	6살	5살		24살	10살	9살	5살
계 절	가을	여름	봄		계 절	가을	여름	봄

※ 앞의 예는 봄, 여름, 가을의 계절에 나이가 점점 많아지는 것을 볼 수가 있다. 이렇듯 계절이 변하며 점점 익어가는 것이기에 보는 사람들도 익어가는 것을 알 것이고 자신도 세월이 흐르면서 점점 더 나이가 많아지는 것처럼 가정이든 사회활동이든 모든 면에서 점점 나아지며 익은 짓을 할 것이다.

1900년 ○월 ○일생			남자		1900년 ○월 ○일생			여자
	壬(임)	丁(정)	甲(갑)			辛(신)	庚(경)	丙(병)
14살	9살	4살	1살		18살	8살	7살	3살
계 절	가을	여름	봄		계 절	가을	여름	봄

※ 앞의 예도 1살과 3살로 태어났으나 계절이 가면서 익어가며 나이가 많아짐을 볼 때 모든 면에서 주위의 어떤 장애가 없을 수는 없겠지만 살아가는 전반의 모든 것들이 점점 나아질 것이다.

1900년 ○월 ○일생			남자		1900년 ○월 ○일생			여자
	乙(을)	壬(임)	戊(무)			辛(신)	丁(정)	甲(갑)
16살	2살	9살	5살		13살	8살	4살	1살
계 절	가을	여름	봄		계 절	가을	여름	봄

※ 앞의 예를 부부로 보면 어느 쪽이 남자든 여자든, 나이가 많고 적든 천수가 많아지며 순행하는 쪽에서 가정에 충실하고 주권을 쥘 것이다. 그러나 나이가 많은 쪽에서 주권을 행사하려 한다면 잘 지은 밥을 죽밥 만들어 먹는 꼴이 될 것이다.

자연의 행위는 나이도 중요하겠으나 '때에 제대로 익었는가?'가 매우 중요하다.

1900년 ○월 ○일생			남자		1900년 ○월 ○일생			여자
	辛(신)	乙(을)	戊(무)			丙(병)	甲(갑)	辛(신)
19살	8살	6살	5살		12살	3살	1살	8살
계 절	가을	여름	봄		계 절	가을	여름	봄

※ 앞의 예는 봄보다는 여름에 나이가 적은 경우의 예인데 나이가 적어진다는 것은 책무나 책임이 적어진다는 것으로도 보면 자신이야 아무렇지 않아도 주위에서는 걱정을 하게 되고, 걱정을 끼치는 때이리라.

1900년 0월 0일생			남자		1900년 0월 0일생			여자
	辛(신)	甲(갑)	戊(무)			庚(경)	丁(정)	辛(신)
14살	8살	1살	5살		19살	7살	4살	8살
계절	가을	여름	봄		계절	가을	여름	봄

※ 나이의 기복이 여름의 계절에 천수의 나이가 적은 관계로 기복이 심함을 알 수가 있는데, 나이의 기복만큼이나 다사다난하리라.

1900년 0월 0일생			남자		1900년 0월 0일생			여자
	乙(을)	丁(정)	戊(무)			丁(정)	戊(무)	壬(임)
11살	2살	4살	5살		18살	4살	5살	9살
계절	가을	여름	봄		계절	가을	여름	봄

※ 계절은 익어가도 나이가 적어지는 예인데, 계절의 행위나 나이가 하는 일은 정확하기에 적어지는 나이만큼의 일을 할 것이며, 주위에서는 걱정이라도 그리 나쁘지만도 않음을 알아야 하겠다.

왜?

천간나이는 계절에 따라서 오르내리는데 나이가 오르면 순탄한 생활을 할 것이지만 나이가 오르고 내리거나, 내리거나 오르면 나이의 차이만큼이나 세상살이에 기복이 있다. 년에서 시작하여 오르거나, 내리거나 할 때에는 순탄한 생이지만 오르고 내림에 굴곡이 있으며 나이의 차이만큼 생에 굴곡이 있다.

(12) 합의 작용

천간이 합을 이루거나 천간과 태세가 합을 이루는 때에, 합이 지니고 있는 고유의 일을 한다. 계절이 바뀌며 정상의 합을 이루는 경우와 반대의 합을 볼 수가 있는데 정상의 합은 합이 지니고 있는 고유의 오행을 지키고 만들어내는 반면, 합이 서로 바뀐 자리에 있는 반대의 합인 경우에는 자신의 의지와는 상관없이 합의 작용이 늦게 이루어지거나, 의사에 반하여 끌려가거나, 숨기는 일들이 일어난다.

계절을 지내면서 정상의 합이란 갑기합, 을경합, 병신합, 정임합, 무계합을 말한다.

비정상의 합이란 기갑합, 경을합, 신병합, 임정합, 계무합을 말하며 계절을 건너서 만나는 합도 정상의 합이나 작용은 약하다. 계절과 태세의 합도 성립이 되니 유년의 합도 잘 살펴야 하겠다.

		1900년 0월 0일생		
		생일	생월	생년
		己(기)	戊(무)	甲(갑)
		酉(유)	辰(진)	午(오)
계 절		가을	여름	봄
암 수		암	암	수
오 행				

봄의 갑과 가을의 계절인 기가 합을 이루고 있다. 여름이 막고 있는 형상이라 합의 작용이 왕성하지는 못하다.
갑기합화토의 작용을 하리라.

		1900년 0월 0일생		
		생일	생월	생년
		庚(경)	辛(신)	丙(병)
		寅(인)	卯(묘)	申(신)
계 절		가을	여름	봄
암 수		암	암	암
오 행				

봄의 계절은 어린 암놈의 원숭이다. 암놈의 행위를 하는 시기이며 여름은 수놈의 토끼와 합을 이루는데 병신합화토이니 계절의 자리, 즉 아신의 자리에 따라서 합의 작용이 강약을 이룰 것이다.

		1900년 0월 0일생		
		생일	생월	생년
		庚(경)	乙(을)	乙(을)
		午(오)	酉(유)	巳(사)
계 절		가을	여름	봄
암 수		암	암	수
오 행				

봄과 여름은 오소리의 시기이며 계절은 어린 물뱀과 병아리의 시기이다. 여름이 지나 가을은 수말의 계절이며, 여름의 을목과 합을 이루며, 오행은 금을 만든다. 아신이 어느 시기냐에 따라서 금을 적당히 활용해야 함을 알아야겠다. 합의 작용이 매우 강하다.

1900년 ○월 ○일생			
	생일	생월	생년
	戊(무)	丁(정)	壬(임)
	午(오)	未(미)	寅(인)
계절	가을	여름	봄
암수	암	암	수
오행			

봄의 계절은 나이든 암호랑이의 때이고, 여름은 숫총각염소의 때이며, 봄과 합을 이루어 木(목)의 오행을 만든다.
합이라도 자신이 원하는 합이 아니기에 다소 정신이 없을 것이다.
정임합은 순행이며, 임정합은 역행이다.

1900년 ○월 ○일생			
	생일	생월	생년
	戊(무)	戊(무)	癸(계)
	申(신)	午(오)	卯(묘)
계절	가을	여름	봄
암수	암	암	수
오행			

봄의 계절은 나이든 수놈의 토끼이며, 여름이나 가을은 수놈의 말과 원숭이의 계절이다. 봄의 계와 합을 이루어 火(화)의 오행을 만들어내며 결과가 없는 역행의 합이라 계산은 바쁘나, 얻는 소득은 별로 신통치가 않을 것이다.

앞의 설명들을 풀어보자면,

나이를 알면 계절과 자신의 정해진 운세의 자리를 알 수가 있고, 계절을 알고 암수를 알아서 때의 행위로 운세를 알 수가 있으니 암수를 體(체)로 하고, 계절을 相(상)으로 하고, 오행을 用(용)으로 하여 태세의 흐름을 살펴보면 운세를 알 수가 있으리라.

예를 들어보면,

81년 辛酉(신유)생, 8월 丁酉(정유)월생이라면 나이의 계절로 보면 여름이지만 30세를 안 넘겼으니 초여름이다. 丁(정)화가 일하는 시기이고 암수로 보면 수놈이라 태세가 丁亥(정해)의 수돼지의 해이니 丁(정)화의 수놈끼리 만났으므로 놀기도 바쁘겠고 힘겨루기도 있을 것이다. 게다가 신록이 우거진 제철을 만났으니 노루와 멧돼지가 신바람이 나 있음을 알 수가 있겠다.

72년 壬子(임자)생, 8월 己酉(기유)월생이라면 봄은 지나고 여름도 늦여름이니 기유의 암탉이 일을 하는 시기임을 알겠다. 태세의 丁亥(정해)는 수놈의 젊은 멧돼지이니 나이 먹은 암탉이 태세의 합이 찾아와 반가운 이성을 만나서, 재미있는 때를 보내고 있을 것이다.

63년 癸卯(계묘)생, 8월 辛卯(신묘)월, 15일 戊寅(무인)일 생이면 계절은 여름을 지나 초가을의 계절이니 일주인 무인이 일을 하는 시기이다. 백수의 제왕인 호랑이 중에서도 힘이 있는 호랑이이니 丁亥(정해)의 수퇘지를 만나도 감당할 만한 시기임을 알 수가 있고, 계절이나 태세가 土(토)를 만들어가니 토건이나 흙을 다루는 일 또는 건설 분야의 일을 한다면 제법 결실도 있는 해가 될 것이다.

54년 甲午(갑오)생, 8월 癸酉(계유)월, 15일 庚午(경오)일 태어났다면 계절은 여름을 지나고 초가을도 지나고 늦가을이니 경오의 일주가 일을 하는 시기이며, 늦가을의 午(오)가 일을 하는 때임을 알 수가 있다. 경오의 힘과 멋이 있는 수놈의 백말이 늦가을의 추워지고 쌀쌀해지는 계절의 초입에서 정해의 태세를 맞이하니 남들이 보기에나 보여지는 겉의 모양새는 좋아 보인다. 그러나 소득의 관점에서는 실속이 없는 때를 맞이하고 있음을 알아야 하고, 새로운 일을 시작하거나 직업에 변동을 주면 불리하리라.

음양의 암수로 보는 운세법이라 하여 흥미와 재미를 느낄 것이나, 그러한 생각과 방법으로 접근하여 암수 운세법을 들여다보면 많은 것을 놓치게 될 것이다. 태초의 자연이 존재하면서 암수가 세상을 이룬 것을 안다면 천, 지, 인의 삼재가 태초에서부터 존재한 것이기에 인연의 때가 되면 제 계절에 꽃을 피우는 것임을 확연히 알아야 한다.

새로운 운세법이라 많은 이들이 쉽게 접근을 하여 익히고 있으니 이를 어려워할 것은 없을 것이다. 누구라도 쉽게 익힐 수가 있다. 자연은 조금도 쉬지 않고 머물지 않는다. 이를 배우면 만물의 변화를 이끌고, 무궁한 조화를 이루어내는 오묘한 이치를 알아차릴 수가 있을 것이다.

운세를 알아본다는 것이 어찌 쉽게 될 일이던가? 남을 이끄는 지도자가 되고 남을 가르치는 사도가 되는 것이니 깊은 연구와 노력이 뒤따른다면 지도자나 사도로서 당당히 설 수가 있을 것이다. 그러나 모양을 내기 위함이나 과일의 겉핥기처럼 적당한 공부에 머물고 만다면 깊은 맛을 볼 수는 없을 것이다.

시절의 인연임을 알아 절절히 파고 들어가다 보면 묘함을 맛볼 수가 있으리라!

제3장
천인법륜음양운세법(天印法輪陰陽運勢法)과 성명과의 고찰(考察)

1. 天印法輪 陰陽姓名法(천인법륜 음양성명법)

(1) 서론

 살아가면서 궁금하거나 답답함을 호소하는 사람들을 오랜 세월 접하면서 느끼는 것은 어떤 이들은 지금의 운기가 그리 어려운 시기가 아닌데도 어렵고 힘들어 하며 살아가고 있음을 보게 되고, 어떤 이들은 운의 흐름으로는 어렵고 힘이 드는 시기인데도 여유가 있고 풍족하게 지내는 것을 보게 된다.

 우주만물이 생겨나면서 지니는 성명에는 대우주와 함께하는 음양과 오행의 기운이 담겨있어 살아가는 동안에 그 이름(명칭)이, 운세의 흐름과 아주 밀접하고 긴밀한 기운이 존재하여 같은 해, 같은 날 태어났다고 하여도 서로의 운명이 다름은 부모가 다르고 명칭이 다르기 때문이다.

 성명에는 독특한 원리와 성명만이 지닌 鬼神(귀신)의 수에 운세가 깃들어 있으며, 대우주 자연 순환법칙과 함께하며 자연의 계절과도 함께 일하고 있다.

 음이나 양이 종횡으로 일하며 서로 대립하면서 서로 다른 것 같지만 둘이 나온 자리가 본래 같은 자리이기에 서로 각을 세우며 때론 대립하고 다투기도 한다. 하지만 하나로 돌아가는 것이 세상의 이치이다.

 태어날 때에 짊어지고 나온 오행의 기운인 운세나 천수의 나이를 앞의 자리에 놓인 운세(선천)라면 태어나서 만들어 부르는 성명은 후천운이라 하며, 살아가는 동안 선천운세를 도와 각 계절에 운기를 보좌하는 것을 알아야 할 것이다.

 태어난 해, 달, 날의 운세를 선천의 운세라고 한다면, 태어난 후에 만들어 사용하는 성명은 후천의 운세라 한다. 이름은 모든 계절과 함께 계절을 도우며 생의 농사를 지어야 함은 당연한 일이기에 성명의 한 자, 한 자의 하는 일들이 매우 중요하며, 글과 계절이 함께 짓는 농사 또한 중요하다. 어떻게 원칙을 세워 작명을 하느냐에 따라서 움직이며 활동하는 선천의 운세와 성명에 어느 字(자)가 쓰이느냐에 따라서 후천운세를 살아가는 생의 결과는 확연히 달라진다.

이름을 지을 때에는 각 글자의 오행을 고려해야 하고, 수리의 상합이나 字源(자원)오행도 살피고, 姓(성)씨와의 상합도 살펴야 한다. 유념해야 하는 것은 각 字(자)들이 계절과 암수의 관계를 위하여 일을 하고 있기 때문에 당연히 살펴야 하는 것이다.

모든 聖人(성인)들도 글이 있고 성명이 있어 수천 년의 시공을 떠나 우리네들과 닿아 있음을 안다면, 자연의 계절과 글의 자원이 하는 일이나 음절이 하는 일들이 중요한 것은 자명한 일이라 하겠다.

지금까지의 성명학에서는 획수와 오행, 발음오행을 중요시하였으나, 때가 도래되어 天印法輪陰陽運勢法(천인법륜음양운세법)과 함께 운기와 운세에 지대한 영향을 미치는 天印法輪 陰陽姓名法(천인법륜 음양성명법)을 세상에 내놓는다.

자연에 의지하여 살기에 자연이 변하면서 세상이 바뀌는 것이 자연이며 한 생을 살다 가는 인간들에게 태어나면서 짊어지고 살아가는 성명이 중요하다는 것은 더 이상 말이 필요치가 않을 것이다.

(2) 글(文字)의 생성과 발전

인류가 생겨나고 글이 생겨나서 서로가 소통이 되며 문화의 발전을 이루게 되는데 인류에게 처음부터 글(文字)이 있었던 것은 아니었다.

인류의 초기에는 소통을 위하여 음성언어인 말에 의지하여 상당기간 소통이 이루어졌을 것이다. 사람들은 자신의 감정이나 뜻, 생각(사상)을 말로 전하였으며, 듣고 기억하며 전승을 하였다. 그러다가 어느 때부터는 불편함과 음성언어의 한계를 느끼며 무언가 부호(글)로서 자신의 뜻을 전달하게 되면서 문자의 발전을 가져오게 되었고, 文字(문자)의 등장과 함께 인류는 문화의 싹을 틔우게 되었다.

글은 모양을 본뜬 象形文字(상형문자)가 최초의 글이었을 것이며, 指事文字(지사문자), 假借文字(가차문자), 轉注文字(전주문자), 會意文字(회의문자), 形聲文字(형성문자)로 발전을 하며 글로서 뜻(意)과 소리(聲)를 문자로서 전하게 되었다.

우리가 사용하고 있는 漢字(한자)는 漢(한)나라 시대에 중국의 漢族(한족)들이 최초로 만들어 사용한 것이 아니다. 漢字(한자)는 한나라시대 이전 殷(은)나라시대의 갑골문이나 夏(하)나라시대에도 한자의 원형이 되는 글이 있었던 것을 알 수가 있는데, 이는 漢字(한자)가 漢(한)대에 창제된 것이 아니라 그 이전의 시대에 상당부분 발전되었던 것을 漢(한)대에 이르러 발전시켰다는 것이다.

우리가 사용하고 있는 한글의 근원은 殷(은)이나 夏(하)대에 사용했던 한문의 뿌리에서 淵源(연원)되었다. 한문은 우리의 옛글이 분명한데 이의 설명은 생략한다.

(3) 글은 字源(자원)이 있고 나이가 있다

우리가 사용하고 있는 글은 뜻을 담고 있는 글이기에 각각의 성명에는 짓는 이에 따라서 의미(뜻)를 부여하든 부여하지 않든 글은 제가 지닌 뜻이나 의미를 나타내며 일을 하고 있다. 따라서 세상만물이 오고감에 있어 순서가 있고 나이가 있듯이 글에도 나이가 있음을 알아야 할 것이다.

봄을 春(춘)이라 하며 여름을 夏(하)라고 하고 있으니 계절이 변하고 때가 변하는데 春(춘)이라고 이름을 지어 부르면 봄이나 혹은 초여름의 계절에는 일을 제대로 할 것이지만, 여름과 가을에 제대로 일하길 바라는 것은 무지일 것이다. 성명에 葛(갈)자나 藤(등)자를 사용하면, 칡의 새순은 오른쪽으로 감아 돌고, 등나무의 새순은 왼쪽으로 감아 도는 것을 안다면 알고서야 어찌 이름에 사용하겠는가.

젊은이에게 老(노)자를 사용하면 젊은이는 기상을 잃을 것이고, 푸를 靑(청)자도 나이든 이에게는 맞지가 않을 것이다. 어느 字(자)든 글은 자원이 있고 자신이 생겨나면서부터 담고 있는 것만큼 일하고 있음을 알아야 할 것이다.

글이 만들어진 것을 살펴보면 때에 만들어진 것을 알게 되는데 하늘이 열리고 대지가 굳어져 사람들이 대륙을 장악하고 살면서 하늘을 나타내는 글인 天(천)자를 만들고, 대지를 나타내는 地(지)자를 만들었으며, 사람의 人(인)자를 만들었을 것이다. 그리고 산하 대지의 모양을 보고 산이나 강, 나무, 불의 글자를 형상대로 만들어서 사용을 하였고, 동물의 뼈나 단단한 나무로 간단하게 농기구를 만들어 사용하다가 구리나 주석의 금속을 녹여서 사용을 하였다. 그러면서 단단한 것은 쇠이며, 쇠를 나타내는 쇠(金)자를 만들어 표기하였으나 금속의 발달로 철기문화가 도래되면서 단단한 것의 총칭인 쇠(金)로는 뜻이나 의미가 다르기 때문에 단단한 것을 쇠에서 더 단단한 鐵(철)자를 만들어 사용하면서 구리(銅)나 주석(錫)을 따로 표기하게 되었다.

쇠(金)를 총칭하던 시대와 글이 만들어진 것을 보면 2천년이나 3천년 전의 일이지만, 쇠 鐵(철)자가 만들어진 것을 보면 2천년이나 천팔백여 년 전임을 안다면 분명 글이 생겨나는 것은 나이가 있음이 분명하다. 글의 나이는 때에 글들이 일을 한다는 것이며, 나이가 많고 적음에 따라서 담는 그릇이 달라진다. 어른의 행동과 어린이의 행동은 다르고 글 또한 그렇게 일을 할 것이니 글의 나이를 잘 살펴야 할 것이다.

(4) 성명과 三才(삼재)

자연의 삼재는 하늘(天)과 땅(地)과 사람(人)이며, 天印法輪 陰陽姓名法(천인법륜 음양성명법)은 우주와 대자연을 근간으로 하여 만든 성명법이기에 인생은 삼재(천, 지, 인)와 함께한다는 것을 알아야 한다.

태어나면서 짊어지고 나온 선천수와 때에 인연을 만나며 살아가는 동안 함께하는 성명의 근간은 계절에 매어 있으며, 성명은 때에 하는 일들을 도우며 운기와 운세의 변화를 이끌어 가는 것이다.

태어난 해(年)는 祖上宮(조상궁)이며, 성명의 성씨가 일을 하며 태어난 달(月)은 父母宮(부모궁)으로, 성명의 가운데 글자가 일을 하는 때이다. 태어난 日(일)은 本人宮(본인궁)의 자리로, 성명의 마지막 글자가 일을 하는 때이다.

글들이 일을 하는 때가 정해져 있으나 어느 자리의 때라도 성명은 함께 일을 한다.

누구의 성씨라도 바뀌지 않을 것이며 바꿔서도 안 될 것이다. 그것은 씨(種子)가 달라질 수는 없기 때문이다. 조상궁인 씨가 일을 하는 시기는 실제 인생의 나이로는 20세까지를 말한다. 부모궁의 자리는 생을 살아가면서 가장 행동이 활발한 때인데 많은 것을 직접 경험하고 경영하는 시기이기에 실제적으로도 부모에게 의지하여 일을 도모하는 때이며, 나이로는 21세에서 41세까지의 시기를 말한다. 자신의 궁이 일하는 때의 실제 나이는 42세에서 63세까지의 시기이며, 이 시기는 누구의 도움을 바랄 수가 없고 오로지 본인이 중심이 되어 세상과 살아가는 시기이다.

우리는 하늘과 땅과 사람(조상)이 함께 세상의 일을 도모하고 있으며, 때마다 글들이 일을 하고 있다는 것을 알아야겠다.

19○○년 ○월 ○일생			
	생일	생월	생년
	辛(신)	庚(경)	甲(갑)
	亥(해)	午(오)	辰(진)
계 절	가을	여름	봄
기 간			
오 행	金(금)	土(토)	火(화)

태어난 해는 天才(천재)이고, 태어난 달의 태세는 地才(지재)이고, 태어난 날은 人才(인재)라 한다.

19○○년 ○월 ○일생			
	생일	생월	생년
	丁(정)	戊(무)	庚(경)
	丑(축)	寅(인)	子(자)
계 절	가을	여름	봄
기 간			
오 행	水(수)	土(토)	土(토)

성명에서 봄은 조상궁이며, 성(姓)씨가 일을 하는 때이다. 여름은 부모궁으로 태세의 오행이 戊寅(무인), 오행은 토가 되는데 토를 돕는 字(자)로 취해야 한다. 가을은 본인궁으로 태세가 정축이며, 오행이 수이므로 성명의 자는 금이나 수의 자를 취해야 할 것이다.

(5) 발음과 수리와 오행

발음오행이란 한글의 자음을 오행에 배속하여 구분한 것을 말한다.

木(목)은 牙音(아음)이기에 ㄱ, ㅋ이며, 火(화)는 舌音(설음)이기에 ㄴ, ㄷ, ㄹ, ㅌ이며, 土(토)는 脣音(순음)이기에 ㅇ, ㅎ이며, 金(금)은 齒音(치음)이기에 ㅅ, ㅈ, ㅊ이며, 水(수)는 喉音(후음)이기에 ㅁ, ㅂ, ㅍ이다.

수리오행은 天干(천간)의 갑을(木), 병정(火), 무기(土), 경신(金), 임계(水)와 地支(지지)에 속해 있는 水(수)인 亥(해)子(자)의 수는 1, 6이다. 巳(사)午(오)는 火(화)이며, 수로는 2, 7이다. 寅(인)卯(묘)는 木(목)이며, 수는 3, 8이다. 申(신)酉(유)는 金(금)이며, 수로는 4, 9이다. 중앙의 土(토)인 辰(진)戌(술)丑(축)未(미)는 수로는 5, 10이 된다. 수는 뿌리인 선천수가 있고 열매와 과일의 수인 후천수로 나뉜다. 선천수는 1부터 5까지의 수인데 生數(생수)라 하고, 후천수는 6부터 10까지를 말하는데 成數(성수)라고 한다. 자연의 오행과 함께 생긴 수가 생수이며, 때의 오행과 자라서 결실을 맺은 수를 성수라 한다.

陰陽(음양)의 數(수)를 鬼神(귀신)이라 하는데 鬼(귀)의 수는 陰(음)의 수를 말하고, 神(신)의 수는 陽(양)의 수를 말한다. 귀신 운하는 것은 천지만물의 조화는 수의 변화에서 이루어지고 사람들의 신통한 영명활동에 의해서 세상이 바뀌고 변하며, 끊임없이 향상의 수를 찾고 찾는 사람들에 의해서 세상이 바뀌고 변하는 것이기에 數(수)를 귀신이라 한다.

세상의 조화에서 用(용)은 變(변)하나, 本(본)은 변하지 않는다. 즉, 用(용)인 金(금), 木(목), 水(수), 火(화)는 변하나, 本(본)인 土(토)는 변하지 않는다는 것이다.

(6) 성명과 계절

자연의 계절은 때에 일을 하는데 봄이 되면 봄이 일을 하고, 여름에는 여름이 일을 하며, 가을에는 가을이 일을 한다. 자연의 순환은 뒤바뀌지도 않고 서로 다툼도 없으며, 때에 제 일을 하는데 성명의 字(자)들도 때가 되면 때의 일을 한다.

성명의 글자 중에서 성씨의 자는 인생에서 봄이며, 세상에서 자신이 할 일을 설계하고 싹을 틔우는 시기로, 나이로는 20세까지의 시기이다. 성명의 가운데 글자는 인생에서는 여름에 속하고 봄을 이어 자라고 꽃을 피우며 열매가 맺히는 시기로, 나이로는 21세에서 41세까지의 때를 말한다. 대부분 3글자로 이루어진 성명의 마지막 글자는 가을에 일을 하며 여름에 맺힌 꽃을 잘 키우고 관리하여 좋은 수확을 바라는 시기로, 가을에 새로이 싹을 틔우는 종자를 심어 늦가을에도 수확을 얻게 되는 실제의 나이로는 42세에서 63세까지의 시기이다.

姓名(성명)이 중요함은 태어나 생의 농사를 잘 지었든 못 지었든 사람이 생을 마감하고서도 성명은 남아서 일을 하고 후대에 이르기까지 사람들의 평가의 대상이 된다. 이를 안다면 성명의 3字(자)가 계절을 알고 계절과 함께 농사를 잘 지을 수 있는 이름이어야 할 것이다.

누구나 태어난 존재 자체가 귀하기에 때에 옷을 잘 입고 때에 행동이 올곧으려면 성명의 字(자)들이 생을 이끌고, 때론 예쁘게 꾸며주어 귀한 존재로 거듭나게 한다는 것을 알아야 하겠다.

	1900년 0월 0일생		
	생일	생월	생년
	己(기)	丁(정)	壬(임)
	未(미)	未(미)	寅(인)
계 절	가을	여름	봄
기 간	63세	41세	20세
오 행			

태세의 년이 일하는 시기는 봄으로 실제 나이의 20세까지이고, 태세의 달이 일하는 시기는 여름이며 21세에서 41세까지이고, 태어난 날은 가을이며 실제 나이의 42세에서 63세까지를 말한다.

	1900년 0월 0일생		
	생일	생월	생년
	乙(을)	丙(병)	辛(신)
	未(미)	申(신)	亥(해)
계 절	가을	여름	봄
기 간	63세	41세	20세
오 행			

이름의 첫 자인 성씨는 봄에 辛亥(신해)와 일을 하고, 성명의 가운데 자는 丙申(병신)을 도와 일을 해야 하며, 이름의 마지막 글자는 乙未(을미)를 도와 일을 해야 할 것이다.

190〇년 〇월 〇일생			
	생일	생월	생년
	庚(경)	丁(정)	丙(병)
계 절	가을	여름	봄

성명의 글이 일을 한다는 것은 태어난 태세의 오행을 돕는 일을 하는 것이니 오행의 태과와 불급을 살피고 天才(천재)의 조상궁의 성씨를 제외하고 부모궁과 본인궁의 상생상극을 살펴서 작명을 해야 할 것이다.

190〇년 〇월 〇일생			
	생일	생월	생년
	壬(임)	辛(신)	乙(을)
	申(신)	巳(사)	巳(사)
계 절	가을	여름	봄
기 간	63세	41세	20세
오 행	金(금)	金(금)	火(화)

태세의 오행이 화, 금, 금으로 성씨의 계절인 봄을 제외하면 금금으로 돌멩이만 가득하다. 여름의 계절에 신사의 살모사가 제법 제 일을 감당할 것이니 금을 도와 토의 오행으로 작명을 하여 토생금해야겠다.

190〇년 〇월 〇일생			
	생일	생월	생년
	丁(정)	戊(무)	壬(임)
	酉(유)	申(신)	寅(인)
계 절	가을	여름	봄
기 간	63세	41세	20세
오 행	火(화)	土(토)	金(금)

태세의 오행이 금, 토, 화로 이루어져 있다. 남자이든 여자이든 성씨의 계절인 봄을 제외하면 土(토)와 火(화)를 짊어지고 나왔으며 오행의 흐름이 역으로 흐름을 알 수가 있으나, 가을에 丁(정)화의 불은 긴요하게 사용할 수가 있으니 성명의 끝 자에는 木(목)의 오행을 사용하며 木生火(목생화)의 원리를 이용해야 한다.

(7) 중앙의 土(토)는 재산이다

먼 옛날 하늘의 별자리를 보고 만들었을 天干(천간)과 地支(지지)를 살펴보면 土(토)는 하늘에서도 재산이기에 10개의 별 중에서 가운데 자리인 5번째 자리와 6번째 자리에 배속을 하였다.

(1 갑. 2 을. 3 병. 4 정. 5 무. 6 기. 7 경. 8 신. 9 임. 10 계)

땅에서도 계절마다 농사를 지어 계절의 끝에 농사지은 것을 수확하는 때를 土(토)에 배속하였으니 寅(인), 卯(묘)의 봄에는 辰(진)토의 결실을 주었고, 巳(사), 午(오)의 여름에는 未(미)토의 때를 주었으며, 가을의 申(신), 酉(유)에는 戌(술)토를 두어 거두어 들였으며, 겨울인 亥(해), 子(자)의 때에는 丑(축)토의 재물을 배속하였다.

성명에서는 ㅇ, ㅎ의 발음이며, 수로는 5, 10, 15, 20, 25의 수이다.

우리나라에서 성명에 사용하는 글을 보면 이응과 히읗이 유독 눈에 많이 들어오는 것이 결코 우연은 아니라 여겨진다. 그러나 성명이 財(재)만 위하여 만들어져 불리는가? 작명함에 오행의 상생과 상극의 조화를 살펴 모자람도 넘침도 없어야 하겠다.

(8) 성명과 건강

사람의 생명은 호흡에 있고 입(口)과 코(鼻)의 호흡에 달려 있다. 입이나 코가 하는 일은 호흡만이 아니라 음식물을 섭취하여 오장육부에 전달, 몸을 온전히 보전하는 일을 하며 또한 소리를 담당하고 있다. 소리는 사람의 감성을 자극하여 오장과 육부에 전달하며 서로의 장기가 소리의 파장에 민감히 반응하여 몸의 온전한 건강을 유지시켜 주고 있다.

소리의 오행도 상생과 상극의 관계에 의해서 몸에서 받는 일체의 기운과 함께 일을 하고 있으며, 듣기 좋은 소리의 파장이 몸에 유익하고 듣기 싫은 음이나 소리에서 나는 파장은 우리의 몸에 결코 좋을 수가 없다. 자음의 오행은, ㄱ, ㅋ은 木(목)이요, ㄴ, ㄷ, ㄹ, ㅌ은 火(화)요, ㅇ, ㅎ은 土(토)요, ㅅ, ㅈ, ㅊ은 金(금)이요, ㅁ, ㅂ, ㅍ은 水(수)이다.

모음(아, 어, 우, 이, 오)도 오행이 정해져 있으나 성명에서는 생략한다.

木(목)의 발음은 肝(간)과 膽(담)에 영향과 자극을 준다. 火(화)의 발음은 心臟(심장)과 小腸(소장)에 영향과 자극을 주며 치료를 하고 있다. 土(토)의 발음은 脾臟(비장)과 胃(위)에 영향을 주며 비위의 건강을 돕고 있다. 金(금)의 발음은 肺(폐)와 大腸(대장)의 건강을 돕고 있다. 水(수)의 발음은 腎臟(신장)과 膀胱(방광)의 수기를 돕고 있다.

무심코 내뱉는 말이나 그냥 불러보는 이름이라도 음성은 파장을 타고 전달되며, 소리는 하늘과 닿아 있음을 알아야 하며, 그래서 불리어지는 이름이 인생을 살아가는 데 매우 중요한 역할을 담당하고 있다는 것이다.

(9) 성명에 사용하면 불리한 자

이름 작명 시에 사용하면 불리한 자들이 있다. 성명의 글은 계절과 함께 일을 해야 하기에 ① 숫자의 글이나 ② 방향의 글이나 ③ 모양만 내고 실속이 없는 글이나 ④ 형용사의 글이나 부사의 글이나 ⑤ 너무 어린 나이의 글이나 ⑥ 놀림을 당하는 글이나 ⑦ 굳이 집안의 돌림자를 고집해서도 안 된다.

태어난 태세의 오행을 도와서 일을 해야 하는 성명의 특성상 방향의 동, 서, 남, 북이나 숫자의 일, 이, 삼, 사를 사용하는 것은 불리하다. 글이 생겨난 것을 보면 모양의 형태를 글로 옮긴 字(자)들이 많은데 글도 계절과 함께 일을 하기 때문에 일을 하지 않고 모양만 내는 글을 사용하면 불리하다.

어린 나이의 글이란 한글의 글을 사용하는 것을 말한다. 그렇다고 한글을 사용하지 말라는 것이 아니라 한글의 나이는 오백 살 정도에 지나지 않은 점을 안다면 태세의 오행을 돕는 글자의 사용이 무난하다는 뜻이다.

한글의 이름은 전문직이나 특수한 분야에서의 이름이 때론 성공하는 예가 드물게 있으나, 그것은 성씨와 태세(천재)의 도움이다(20세 이전).

많은 이들을 상담하고 운세를 감평하면서 아쉬운 점은 집안에서 정한 돌림자를 사용한 경우에 많은 이들이 뜻하지 않은 고생을 하는 것을 보아 왔다. 오행은 어느 하나를 위하여 있는 것이 아닌데도 돌림자를 사용하는 것은 오행의 상생의 원리를 무시하고, 태세에도 도움이 되지 않는다. 상외와 상극의 성명을 만들어 사용하고 있으나 성명을 부르는 소리가 하늘과 닿아 있음을 알고, 사람이 살아가는 세상은 음양과 오행의 기운에 의해서 生生不息(생생불식) 살아가고 있다는 사실을 알아야 할 것이다.

글에는 字源(자원)이 있어, 글은 자신이 만들어질 때에 지닌 뜻을 지니고 일을 한다.

몇 자의 예를 들어 본다.

相(상)자는 서로 상자인데 서로 눈을 마주하고 있어 무슨 일을 도모하려고 해도 높은 나무에서 항시 눈으로 내려다보고 있다는 글이라 장애가 있어 멈춤을 의미한다.

春(춘)자는 봄을 알리는 글인데 성명의 자의 가운데나 끝에 사용을 할 경우에 계절은 여름이요, 가을에도 글은 봄의 짓을 한다는 것이니 성명에 사용할 때에는 유의해야 할 字(자)이다.

明(명)자는 해와 달처럼 밝다는 자이다. 자신이 힘이 있어서 밝음을 내세우고 밝음(정의)을 행해야 할 것인데, 그렇지 못하면 밝음은 일을 하지 못하여 허풍이나 허세를 부리며 허영을 쫓아 갈 수도 있다.

子(자)자는 자식을 뜻하고 물을 나타내기도 한다. 주로 성명의 끝 자에 많이 사용하고 있는데 계절로는 가을이다. 농사를 다 지은 가을에 물은 별로 쓸모가 없다.

光(광)자는 빛, 번개, 뇌성을 이르는 글이다. 한때는 빛을 발하며 남부럽지 않게 지내겠으나 빛이란 오래 머물 수가 없음을 안다면 한때의 榮華(영화)로 생을 얘기할 수가 있겠는가? 태세와 계절과 부합되는지 살펴야 하겠다.

愛(애)자는 사랑을 뜻하는 글이나 받아들일 受(수)에, 마음 心(심)자가 모여 만들어진 자이다. 사랑하는 마음이 언제나 변함이 없다면 좋으련만 어찌 사람의 마음이 처음처럼 한결같을 수가 있을까? 애정이나 부부의 관계에 문제가 있는 字(자)이다.

虎(호)자는 호랑이다. 사람이 범처럼 용기 있고 용맹함을 갖추는 것은 바람직할 것이나 용맹함이 자제하지 못하여 과격하게 되며, 성격이 삐뚤어지고 상대할 상대가 없어지며, 고독하게 된다.

姬(희)자는 젊은 여자를 뜻한다. 고대사회에서 전쟁의 전리품으로 얻은 여자를 신하들에게 나누어 주었던 여자를 뜻한다.

好(호)는 좋다는 뜻의 글이다. 여인이 자식을 품고 있으니 좋을 것이다. 그러나 뜻은 제 자식이 아닌 어린 사내아이를 품고 있으니 언제까지 좋을 수가 있을까? 속성속패의 뜻이 담겨 있다.

順(순)자는 순하다는 글인데 얼마나 순한가를 보면 냇가(川)에 목(項)을 담가도 반항하지 않을 만큼 순하다는 것인데 얼마나 힘이 없는 글인지 많은 이들이 사용하는 글이나, 사용하면 불리한 자이다.

榮(영)자는 영화롭다는 자이다. 글을 보면 집과 나무(木) 위에 불(火)이 두 개나 있어서 한때는 많은 이들이 불을 보겠지만 불은 나무가 다 타고 나면 구경을 하든 우러러보았든 쳐다보는 이들이 없을 것이니 災禍(재화)가 따르는 字(자)이다.

美(미)는 아름답고 예쁘다는 글인데 정작 글을 보면 아름다움이나 예쁜 것은 이리 봐도 뒤집어 봐도 한 마리인 줄 알았던 염소(羊)가 얼마나 큰지 두 마리의 덩치라, 보고 또 봐도 예쁘고 아름답다는 글이다. 성품은 유순하고 명랑하나 허세와 허영을 뜻하는 불길 자이다.

玉(옥)자는 구슬이다. 고대사회에서 왕은 제사를 집행하는 神官(신관)이었다. 마을이나 나라에 재앙이 닥치면 왕은 제단 앞에 나아가 나라의 안녕을 빌며 기도를 올렸는데, 그때에 왕이 나라를 걱정하는 마음에 기도하며 흘린 눈물이 玉(옥)이다. 왕이 나라와 백성을 위하여 흘린 눈물이니 어느 보배에 비하겠는가. 자신을 과시하며 남들과 융화가 어렵고 고독하다는 뜻의 글이다.

貴(귀)자는 귀하다는 뜻을 지닌 글이다. 가운데 중앙 央(앙)자와 조개 貝(패)로 이루어졌다. 예전에는 조개껍질을 화폐로 이용을 하였으니 남들에게 자랑할 만큼 돈이 많음을 나타내는 글이다. 실상은 財運(재운)이 따르지 않고 자손에게도 불리하다는 뜻을 담고 있다.

앞의 글 외에도 天(천), 地(지), 人(인), 東(동), 西(서), 南(남), 北(북), 계절을 나타내는 글이나 상하좌우 숫자의 글 등, 성명에 사용하면 불길한 자들이 많으나 생략한다.

(10) 三才(삼재)와 계절의 영향력

삼재와 태세는 함께 일을 하고 있으니 년은 天才(천재)이며 조상궁이요, 월은 地才(지재)와 부모궁이요, 태어난 일주는 人才(인재)이며 자신의 궁이다. 성명의 삼자가 때에 일을 하는데 계절이 바뀌어도 서로 일을 하고 봄이 지나 여름이 되어도 여름과 함께 봄의 열매가 일을 하며, 여름이 지나 가을이 되어도 여름의 열매와 봄의 열매가 가을과 함께 일을 한다. 물론 때의 행위가 많은 일을 감당하며 일을 하지만 지나온 계절의 열매가 어느 정도는 때를 도와 함께 일을 하는데, 비율로 표현을 해야겠다.

봄은 성명의 성씨가 일을 하며 성씨는 조상으로 물려받은 것이기에 성씨가 홀로 일을 한다.

여름은 성명의 중앙에 있는 字(자)가 일을 하는데 그때에 봄의 열매인 성씨가 여름을 도우며 20% 정도의 힘을 보탠다. 가을이 되면 성명의 마지막 글자가 일을 하는 시기인데 지난 여름의 열매이며, 부모궁의 글이 20%를 돕고 봄에 천재인 조상궁의 성씨도 20%를 도우며, 가을과 함께 일을 한다. 성명의 끝 자가 일하는 가을에 자신의 역할은 60%가 된다는 것이다. 성명은 때가 익지 않으면 일을 하지 못하고 때가 되어야 일을 한다.

1900년 O월 O일생			
	생일	생월	생년
	庚(경)	戊(무)	壬(임)
	午(오)	辛(신)	戌(술)
계절	가을	여름	봄
기간	63세	41세	20세
오행			

태어난 태세의 성씨가 20세까지의 봄에 일을 하며 성명의 자들은 일하지 않는다.

1900년 O월 O일생			
	생일	생월	생년
	戊(무)	辛(신)	壬(임)
	午(오)	亥(해)	子(자)
계절	가을	여름	봄
기간	63세	41세	20세
오행			

나이가 20세를 넘기며 여름을 맞이하는데 여름에는 중앙의 글이 80%의 일을 하며, 봄의 글자인 성씨가 20%의 열매를, 여름과 함께 일을 한다.

1900년 O월 O일생			
	생일	생월	생년
	戊(무)	丁(정)	甲(갑)
	午(오)	卯(묘)	辰(진)
계절	가을	여름	봄
기간	63세	41세	20세
오행			

가을이 되면 성명의 마지막 글자가 일을 하는 시기이며, 때에 여름의 결실인 중앙의 글자가 20%를 돕고 봄의 열매인 성씨의 글이 20%를 도우며, 자신은 60%의 힘으로 함께 일을 한다.

(11) 계절의 암수

사람이 세상에 태어나 살아가는 모습은 같아 보이지만 남자와 여자의 살림살이는 같지 않다.

부르는 호칭이나 사용하는 성명도 남녀 각각이 다르다.

남자로 태어나면 남자의 생을 살아가겠지만 남자라고 해서 모두가 숫스러운 것은 아니며, 여자도 여자로 태어났다고 해서 암스러울 수만은 없는 것이다. 그것은 때의 계절에 정해진 암수가 작용을 하기 때문이다. 그래서 남자라도 태어난 태세의 암수가 때의 행동을 지배하며 암스러운 남자도 있고, 여자인데도 때의 계절이 일을 하기에 숫스러운 행동을 하는 것이다.

성명도 여성스럽게만 지었다고 해서 여성일 수는 없으며, 남자도 남성스럽게 지었다고 해서 남자일 수는 없다는 것을 알아야겠다.

사람이나, 어느 것이나 그것을 지칭하며 그것을 대신하여 사용하고 있는 姓名(성명)의 名(명)이 命(명)을 다스리는 일임을 알아야 할 것이다. 名(명)이 자연의 계절과 함께함을 알아서 만들거나, 고치거나, 지니고 사용을 함에 있어 신중해야 할 것이다.

글이 일을 한다는 것을 알아 성명을 짓거나 성명에 첨삭하는 일은 사람의 命(명)을 다루는 일임을 새삼 적어 놓는다.

(12) 천수의 나이

세상 천지간에 존재하는 것이 나이인데 사람도 세월이 흐르면서 나이를 먹는다.

태어나 세월이 흘러가면서 먹는 나이, 즉 태어날 때에 짊어지고 나온 나이가 있으니 이를 천수의 나이라고 한다. 태어나면 지어서 부르는 호칭이 천수의 나이와도 부합되어야 한다.

각기 태어나면서 정해진 나이와 성명이 맞아야 한다는 것은 작은 그릇에 많은 것을 담을 수가 없다는 말이다. 더 많이 담으려는 욕심에 이것저것 기웃거리다가 때를 놓쳐서 결국엔 아무것도 담지 못하여 허겁지겁 세상을 살아가는 것을 종종 보게 되는데, 알

맞은 옷을 걸쳐야 활동하기가 더 좋은 것임을 알아야 하겠다.

천수의 나이가 많으면 활동적이고 타인을 배려하는 마음을 지니고 살아가지만 정작 본인은 실속이 없어 고생이 심하며, 천수의 나이가 적게 짊어지고 태어나면 누군가의 도움을 받고 정작 자신도 느긋하고 여유가 있다. 성명의 자는 활동적인 글자를 사용하면 좋다.

그래서 천수의 나이도 계절마다 달라지는 것을 알아 때에 알맞은 글자를 사용해야 할 것이다.

名(명)에는 命(명)이 담겨있어서 名(명)의 조화가 세상을 만들고 이끌어 가는 것이 만고의 진실임을 알아야 할 것이다.

2 잘 살려는 이들에게

(1) 평안을 얻고자 하는 이들에게

  문명의 발전과 사회가 발전하는 것은 서로가 소통을 하며 서로가 공유할 수 있는 언어와 문자를 사용하기에 사회가 발전하며 문명이라는 꽃을 피우게 되는 것이다. 그런데 문명이 항상 발전만 할 수는 없는 것이다.
  어느 시대이건 인류의 역사 속에 담겨져 있는 영욕의 글이 있기에 알 수가 있으며, 어느 사회나 개인의 영욕도 말과 글이 있기에 알 수가 있으리라.
  근세에 이르러 문명의 발전이 발전을 거듭하여 모든 이들은 과거의 어느 때보다 물질의 풍요로움 속에서 살아가고 있으나 물질을 중요시하고 보이는 상(모양)을 쫓아 집착하는 생활을 추구하다 보니 쥔 자나 쥐지 못한 자나 空(공)과 色(색)이 함께함을 망각하고 모양만을 쫓아가며 매달리니 어찌 넉넉해지고, 좋아지며, 편해지는 세상을 생각이나 하겠는가.
  편한 것은 물질의 많고 적음의 소유에서 오는 것이 아니고 소유를 떠난 정신이어야 몸과 마음이 편해지는데 소유에 집착하거나 물질의 많고 적음만을 쫓는다면 결코 편함을 얻지 못할 것이다. 물질에 집착하면 사람이 인색해지고 남에게 베푼다는 것은 생각에도 없고 물질을 쥐려는 마음이 앞서면 마음의 여유가 없어지며, 스스로 장막을 치며 들어앉아서 살게 된다.
  주위에서 많은 재물을 모은 이들을 간혹 보게 된다. 그들은 자신들이 과시하고 자랑하는 것만큼 인색해서인지 주위에 사람다운 사람이 없는 것을 알게 된다. 재물을 쥐고 있어서 자신들은 무언가를 이루었다는 생각을 하겠지만 주위에 사람들이 알아주지 않으니 결코 행복하다고는 할 수가 없으리라.

그래서 삶은 苦(고)라고 하였다. 가진 자는 더 갖기 위하여 뛰고, 가진 것이 적은 자들은 얻기 위하여 고통 속에서 발버둥치면서 살아가며, 가진 자들은 자랑하고 모양내기에 바쁘며, 재물에 성을 쌓으며 살아간다. 있으면 있는 대로 없으면 없는 대로 고통의 바다를 누비고들 있으니 행복할까? 사람의 행복은 재물의 많고 적음에서 오는 것이 아니고 정신이 행복을 결정해 준다. 재물이 없어도 행복한 사람이 있고 재물이 많아도 불행한 사람이 있다. 그래서 無所有(무소유)가 행복하다고 한다. 이 말은 일할 수 있는 사람이 일하지 말고 벌어들이지 말라는 것이 아니라, 욕심내어 재물에 집착하지 말라는 것이다. 재물을 많이 소유한 사람은 많이 지닌 만큼 더 많은 이웃들에게 나눌 수 있는 기회를 지니고 살뿐, 재물이 생을 가르는 척도는 아니기 때문이다. 항상 이웃을 생각하며 함께하려는 마음을 내어 행동하면 평안과 행복한 삶을 살 수 있을 것이다.

재물을 가진 자는 어려운 이들에게 베풀 수 있는 기회를 지닌 것이다. 그렇기에 가난하여 어려움과 고통을 안고 살아가는 이들을 위하여 德(덕)을 베푼다는 것은 가진 자가 할 수 있는 특권이며, 스스로 행복한 삶을 만들어가는 길(道)이 될 것이다.

(2) 잘 지내며 살려거든(수행의 장)

몸과 마음이 편하게 산다는 것은 그냥 편해지자고 해서 편해지고 그냥 잘 지내자고 해서 잘 지내는 게 아니다. 사람은 누구나 五慾(오욕)과 七情(칠정)을 담고 태어나며, 살면서는 삼독심을 안고 살아간다. 무엇을 어떻게 해야 편하게 사는 것이고 무엇이 불편하게 하여 불편하게 살아가는 것인가를 한번쯤은 살펴봐야 할 것이다.

사람의 신령스러움은 누구나 지니고 태어나지만 그 신령함을 알지 못하여 속세에 속인으로 살아가면서 눈에 보이는 사물에 집착하고 헛된 망상에 사로잡혀 스스로의 신명을 알지 못하고 살아가고 있다. 움직이고 변하는 사물을 대하며 욕심을 내고, 때에 자기를 내세우며 분노하고, 욕심과 분노에 사로잡혀 어리석은 마음을 내며 살아가고 있는 것이다.

사람의 몸(形體)은 기혈과 혼백으로 이루어졌으며, 기백과 혈혼이 합하여 비로소 몸에는 정신이 깃들게 된다. 정신은 천지만물에 조화를 부리며 세상을 변화시키는데, 본자리가 空(공)하여 공으로도 나오고 색으로도 나온다. 때론 유하다가도 때론 무하다.

정신이 자성을 망각하고 상을 내세우며 물질에 집착하면 병통이 생기는데 이것을 '三毒心(삼독심)'이라 한다. 이는 욕심내고 참지 못하여 분통을 터트리고 어리석은 짓을 하는 것을 일컫는다. 몸의 행동은 精神(정신)이 주관하며 精氣(정기)와 神氣(신기)가 움직이는 것임을 알아야 할 것이다.

대우주가 공하고 천체와 태양계가 공하며, 대륙의 껍데기에 의지하여 살고 있는 사람 또한 공한 것이다.

三毒心(삼독심)이란

貪心(탐심)은 욕심을 내는 마음이며, 嗔心(진심)은 화를 내거나 분노하는 마음이며, 癡心(치심)은 어리석은 마음을 말한다.

자기의 자성을 알고 자성을 지키면 건강하게 잘 살 수가 있으련만 자성을 망각하여 삼독심을 일으키면 마음의 병을 얻게 되고, 마음의 병은 육체의 병을 불러들일 것이다. 병을 얻고서는 그 누구라도 행복하다고 말할 수는 없을 것이다.

삼독심을 치유하고 잘살려면 자성을 알고 지키려는 마음이여야 하며, 항상 스스로를 돌아보고 살피는 수행을 게을리하지 말아야 할 것이다.

修行者(수행자)는 名利(명리)를 쫓지 않고 함부로 기뻐하거나 성내지 말아야 하며, 음주가무를 피해야 하고 욕심내어 맛있는 음식만을 취하지 않으며, 색을 멀리해야 한다. 앞의 욕심을 버리면 心神(심신)이 스스로 고요해지고, 心身(심신)이 스스로 맑고 깨끗해지며, 욕심이 생하지 않아 삼독심이 소멸한다.

말(言)이 많으면 氣(기)가 감소하고, 많이 웃거나 즐거워해도 정신에 상처가 생기며, 성을 많이 내면 意(의)가 상하고 욕심이 과하면 신명이 어두워지고, 너무 슬퍼해도 신명이 상한다. 앞의 일들을 행하면 백병이 발생하여 건강을 지키기가 어려워진다.

움직이거나, 어디에 앉거나, 돌아다니거나, 자리에 누워도 어디를 불문하고 수행자들은 앞의 계를 지키면서 수행을 하면 삼독이 소멸되고 건강함 속에서 매일 매일이 즐거울 것이다.

수행자들이 스스로를 꾸짖고 반성하며 귀감으로 삼는 글로 自警文(자경문)이란 글이 있어 그 중에서 偈頌(게송)만을 여기에 적어 본다.

자경문의 偈頌(게송)

어리석어 배우지 못하면 교만만 늘고 어리석어 도를 닦지 않아 자신의 상만 키우네.

든 것 없이 거만한 건 주린 범과 같고 무지하고 방탕함은 넘어진 원숭이 같네.

사악한 소리와 나쁜 말은 곧잘 들어도 성현의 가르침에는 뜻이 없구나.

착한 일에 인연 없는 그대를 누가 건지랴. 길이 악도에 빠져 고통에 얽혀있네.

천인법륜음양운세법 강좌

천인법륜음양운세법은 천부경의 삼법인과
자연의 오행을 삼재(천, 지, 인)에 담아
새롭게 창안한 학술입니다.
변하고 화하여 통하는 세상 이치를
배우고 연구하고자 하는 이들의
참여를 바랍니다.

- 일시_ 매주 금요일 오후
- 장소_ 경기도 하남시 고산동 49-10 〈금구정사〉
- 전화_ 031-795-4536
  010-5306-9936

천인법륜음양운세법 연구회

남한산 뒷자락 금구정사에서 **혜 공** 합장